改革视野下的高校英语教学方法创新研究

朱静 著

全国百佳图书出版单位 吉林出版集团股份有限公司

图书在版编目（CIP）数据

改革视野下的高校英语教学方法创新研究／朱静著
. -- 长春：吉林出版集团股份有限公司，2024.4
ISBN 978-7-5731-4943-5

Ⅰ.①改… Ⅱ.①朱… Ⅲ.①英语-教学研究-高等学校 Ⅳ.①H319.3

中国国家版本馆CIP数据核字（2024）第091280号

GAIGE SHIYE XIA DE GAOXIAO YINGYU JIAOXUE FANGFA CHUANGXIN YANJIU
改革视野下的高校英语教学方法创新研究

著：朱　静
责任编辑：朱　玲
封面设计：冯冯翼
开　　本：720mm×1000mm　1/16
字　　数：200千字
印　　张：10.5
版　　次：2024年4月第1版
印　　次：2024年4月第1次印刷

出　　版：吉林出版集团股份有限公司
发　　行：吉林出版集团外语教育有限公司
地　　址：长春市福祉大路5788号龙腾国际大厦B座7层
电　　话：总编办：0431-81629929
印　　刷：长春新华印刷集团有限公司

ISBN 978-7-5731-4943-5　　定　价：63.00元
版权所有　侵权必究　举报电话：0431-81629929

前言 Preface

近年来，全球经济一体化发展速度加快，高等教育与国际逐渐接轨。在此背景下，高校英语教学必须紧跟形势，加快创新改革步伐，尤其要重视教学方法的创新。英语作为全世界通用语言，在各种场合均被广泛应用，因此，应从多维视角探索教学模式的改革与创新，全面增强学生的综合英语文化素养，从而使高校英语适应当前形势需要，促进英语教学不断优化与创新发展。

由于大学英语教学承担着培养语言基本功扎实、跨文化技能娴熟、国际视野宽广、中国情怀博大、专业基础宽厚、国际规范熟悉的国际化人才的使命，建设科学、完善的大学英语课程体系就成为实现这一目标的保障。针对教育部所启动的大学英语新一轮教学改革的要求，结合目前大学英语教学现状和已有资源，积极探索建设科学、综合、立体、有机的新型大学英语课程体系，以更好地满足社会的需求，符合学校的办学目标，对接院系的专业需要，推动学生的发展。

改革视野下的高校英语教学方法创新以建构主义理论、人本主义学习理论和后现代主义教学观理论等为指导，以情境教学、"任务型"教学、多模态教学、互动式教学、生态教学、自主学习教学、产出导向教学、翻转课堂教学、微课教学、慕课教学为主要教学方法，以培养学生听、说、读、写、译英语综合应用能力和研究能力为主要目标；强调以学生为学习主体，在教师引导下，借助计算机网络技术，以小组合作的学习形式进行个性化、自主式的研究；在实践中锻炼和提高学生的英语综合运用能力、自主学习能力、研究能力以及综合文化素养。改革视野下的高校英语教学方法创新是对传统大学英语课程的必要补充和拓展，其创新理念融进了整个英语教学体系的始终。

本书是一本研究改革视野下的高校英语教学方法创新的理论著作。高校的英语教学应该注重人才的培育，高校英语教师应该基于新形势的背景，改变传统的英语教学模式，建立起一种能够满足社会实际需求的多层次、多类别、多维度的教学模式，满足高校对人才的需求。本书分析了高校英语教学基本理论，包括高校英语教学的定义和定位、高校英语教学的理论依据、影响高校英语教学的因素、高校英语教学的基本原则等内容；详细讲述了各种英语教学方法的创新；最后论述了改革视野下的高校英语教学方法创新的保障——教师专业发展。本书可供英语类专业的学生参考，也可供对英语教学感兴趣的读者阅读。

  需要说明的是，改革视野下的高校英语教学方法创新的研究并不止本书的内容，尤其是其中的某些教学方法，还需要人们结合自身实际，灵活运用，唯有如此，才能百尺竿头更进一步！

  在撰写过程中，为提升本书的学术性与严谨性，笔者参阅了大量的文献资料，引用了一些前辈的研究成果，因篇幅有限，不能一一列举，在此一并表示最诚挚的感谢。由于高校英语教学方法创新涉及的范畴比较广，需要探索的层面比较深，本书中难免有与现存观点、理论不协调之处，对于书中存在的错误与疏漏，恳请前辈、同行以及广大读者斧正，以便修改完善。

目录 Contents

第一章　高校英语教学基本理论 ………………………………………… 1
- 第一节　高校英语教学的定义和定位 ………………………………… 1
- 第二节　高校英语教学的理论依据 …………………………………… 2
- 第三节　影响高校英语教学的因素 …………………………………… 6
- 第四节　高校英语教学的基本原则 …………………………………… 12

第二章　改革视野下的高校英语任务型教学法研究 …………………… 15
- 第一节　任务型教学概述 ……………………………………………… 15
- 第二节　高校英语教学中实施任务型教学法的意义与可行性 ……… 20
- 第三节　任务型教学方法在高校英语教学中的实施 ………………… 24
- 第四节　任务型教学方法在高校英语教学中的应用 ………………… 26

第三章　改革视野下的高校英语情境教学法研究 ……………………… 28
- 第一节　情境教学概述 ………………………………………………… 28
- 第二节　高校英语教学中应用情境教学的价值 ……………………… 34
- 第三节　情境教学在高校英语教学中的应用 ………………………… 35

第四章　改革视野下的高校英语多模态教学法研究 …………………… 41
- 第一节　多模态教学概述 ……………………………………………… 41
- 第二节　高校英语教学中应用多模态教学的意义 …………………… 44
- 第三节　高校英语教学中应用多种模态教学的可行性因素分析 …… 46
- 第四节　多模态教学模式在高校英语教学中的运用 ………………… 47

第五章　改革视野下的高校英语互动式教学法研究 …………………… 54
- 第一节　互动式教学概述 ……………………………………………… 54
- 第二节　高校英语互动式教学模式的影响因素分析 ………………… 58

第三节　互动式教学模式在高校英语教学中应用的重要意义 ………… 59
第四节　互动式教学在高校英语教学中的应用 ………………………… 61
第五节　基于多元互动的大学英语项目式教学模式构建与实践 ……… 63

第六章　改革视野下的高校英语生态教学法研究 ………………………… 67
第一节　生态教学概述 …………………………………………………… 67
第二节　高校英语教学中生态失衡现象分析 …………………………… 71
第三节　高校英语生态教学模式的建构 ………………………………… 74

第七章　改革视野下的高校英语自主学习教学法研究 …………………… 80
第一节　自主学习教学概述 ……………………………………………… 80
第二节　影响自主学习的因素分析 ……………………………………… 83
第三节　高校英语自主学习教学法的实践 ……………………………… 87
第四节　高校英语教学中学生自主学习能力的培养 …………………… 90

第八章　改革视野下的高校英语产出导向教学法研究 …………………… 94
第一节　产出导向法教学概述 …………………………………………… 94
第二节　产出导向法在高校英语教学中的价值 ………………………… 96
第三节　"产出导向法"视域下的高校英语教学探索 ………………… 98

第九章　改革视野下的高校英语翻转课堂教学法研究 …………………… 103
第一节　翻转课堂教学概述 ……………………………………………… 103
第二节　高校英语教学中应用翻转课堂的意义 ………………………… 105
第三节　翻转课堂在高效英语教学中实施的影响因素 ………………… 106
第四节　翻转课堂应用于高校英语教学存在的问题 …………………… 109
第五节　高校英语教学中应用翻转课堂教学的策略 …………………… 111

第十章　改革视野下的高校英语微课教学法研究 ………………………… 116
第一节　微课教学概述 …………………………………………………… 116
第二节　微课在高校英语教学中的作用 ………………………………… 118
第三节　微课在大学英语教学中的实践与探究 ………………………… 121

第十一章　改革视野下的高校英语慕课教学法研究 ……………………… 129
第一节　慕课教学概述 …………………………………………………… 129
第二节　慕课教育在高校英语教学中的优势 …………………………… 132
第三节　慕课时代高校英语教学面对的机遇与挑战 …………………… 135

第四节 在高校英语教学中有效应用慕课教学的策略 …………… 138
第十二章 改革视野下的高校英语教学方法创新的保障——教师专业
　　　　 发展研究 ………………………………………………………… 142
  第一节 教师专业发展概述 ………………………………………… 142
  第二节 英语教师的专业素养分析 ………………………………… 145
  第三节 高校英语教师信息素养培养探析 ………………………… 147
  第四节 英语教师专业发展现状和解决路径 ……………………… 151
参考文献 ………………………………………………………………………… 156

第一章　高校英语教学基本理论

随着经济的快速发展，国与国之间的交往日益紧密，英语已经成为人们广泛使用的一种语言。中国要想与他国交往，必然需要借助英语这一工具。因此，现如今人们对英语非常重视。在我国的高等教育中，高校英语教学的地位非常重要。本章主要论述了高校英语教学的定义和定位、高校英语教学的理论依据、影响高校英语教学的因素、高校英语教学的基本原则等内容。

第一节　高校英语教学的定义和定位

一、高校英语教学的定义

英语是我国的第二外语，缺乏一定的语言使用环境与使用对象，这就对大学英语教学提出了挑战。可以说，大学英语教学能够直接影响大学生的英语水平和语言运用能力。大学英语教学是一种教育活动。对于教师而言，它是引导学生学习的教育活动；对于学生而言，它是在教师的引导下展开的学习活动。学生是否得到发展是决定大学英语教学能否实现其目标的关键因素。大学英语教学是一个师生互动的过程，是教师教和学生学，共同完成预定任务的双边统一的活动。①

二、高校英语教学的定位

顾世民提出高师院校大学英语教学目标定位应该是大学英语教学目标的多元化；董艳、柯应根认为应用型本科高校大学英语教学改革发展方向不仅仅是为提高学生的人文素质和文化修养，重点是提高大学生的综合应用能力，即加

---

① 曲晨晖，叶娜，孙莉莉. 基于网络环境的大学英语教学理论与实践研究［M］. 长春：吉林人民出版社，2022：1.

强培养学生运用英语语言知识进行分析和综合的能力，重点培养本科生的语言实践应用能力和口语表达能力。英语能力培养都服务于学生的专业学习和专业技能培养。应将大学英语教学与专业课教学相结合，培养学生的专业英语能力，重视听、说能力，提高学生在本专业领域的英语口语和文字交流能力。

大学英语教学定位或者目标是大学英语教学的方向盘、指南针，受到国内外语界的广泛关注。通用英语还是专门用途英语？工具性还是人文性？语言还是内容？《大学英语教学指南》为此提供了答案。

大学外语教育是我国高等教育的重要组成部分，对于促进大学生知识、能力和综合素质的协调发展具有重要意义。大学英语作为大学外语教育最主要的内容，是大多数非英语专业学生在本科教育阶段必修的公共基础课程，在人才培养方面具有不可替代的重要作用。大学英语课程应根据本科专业类教学质量国家标准，参照指南合理定位，服务于学校的办学目标、院系人才培养的目标和学生个性化发展的需求。大学英语课程是高等学校人文教育的一部分，兼有工具性和人文性双重性质。大学英语教学目标是培养学生的英语应用能力，增强跨文化交际意识和交际能力，同时发展自主学习能力，提高综合文化素养，使他们在学习、生活、社会交往和未来工作中能够有效地使用英语，满足国家、社会、学校和个人发展的需要。根据我们现阶段基础教育、高等教育和社会发展的条件现状，大学英语教学目标分为基础、提高和发展三个等级。大学英语教学与高中英语教学衔接，各高校可以根据实际需要，自主确定起始层次，自主选择教学目标。

外语界应该审时度势，站在国家战略、国家利益的高度，从积极角度对有关中国大学英语教学究竟应该向何处去等重大问题加强理论探讨和实验探索，适时推动大学英语回归到理性、科学的轨道上来，使大学英语教学真正为中国高等教育国际化、为中国走向世界服务。[①]

第二节 高校英语教学的理论依据

一、比较语言学

比较语言学起源于 18 和 19 世纪的欧洲。它主要研究印欧语系诸语言的语

---

① 孙志永. 当代大学英语教学新理念与教学实施探究［M］. 赤峰：内蒙古科学技术出版社，2021：80.

音系统。比较语言学是把有关各种语言放在一起加以共时比较或把同一种语言的历史发展的各个不同阶段进行历时比较，以找出它们之间在语音、词汇、语法上的对应关系和异同的一门学科。利用比较语言学既可以研究相关语言之间结构上的亲缘关系，找出它们的共同母语，又可以找出语言发展、变化的轨迹和导致语言发展、变化的原因。这门学科在19世纪被广泛地应用于印欧语的语言研究中，并取得了较大成就。

二、社会语言学

社会语言学是研究语言的社会本质和差别，以及它们的社会因素的一门学科。社会语言学认为，语言的最本质功能就是语言的社会交际功能。美国社会语言学家海姆斯（D. H. Hymes）认为，社会化的过程是一个儿童习得母语的最好环境，这不仅能使他们理解本族语的习惯并说出符合语法的句子，而且还能在一定的场合和情境中恰当地使用语言。1996年，海姆斯提出了"交际能力"理论。海姆斯认为，交际能力是指运用语言进行社会交往的能力，既包括言语行为的语法正确性，又包括言语行为的社交得体性；既包括语言能力，又包括影响语言使用的社会文化意识的言语能力。

三、人本主义理论

罗杰斯（Rogers）在人本主义的"性善论""潜在论"和"价值论"的基础上，多次明确提出了他的有关教育目标的观点。教育应该把学生培养成富有灵活性、适应性和创造性的人，教育应该注重具有主动性、独立性和创造性的人。概括地说，教育所培养出来的人应该是个性充分发展的，这种人具有主动性和责任感，具有灵活地适应变化的能力，是自主发展的人，能够实现自我价值的人。人本主义教学理论秉承马斯洛（Maslow）的人的"自我实现"理论，把教育的宗旨定位在：教育要真正关照人的终极成长，促进人的"自我实现"，培养"完整人格"，而非受教者成绩提高之类的短期目标。因此，人本主义始终关注的是人的整体发展，尤其是人的"内心生活"的丰富和发展，即人的情感、精神和价值观念的发展。人本主义教学论的教育目标应是促进"整体的人"的学习与变化，其价值追求是"完整人格"，培养独特而完整的人格，使之能充分发挥作用。为此，作为培养人才的专门机构的学校，其人才培养的目标应当是：能从事自发的活动并对这些活动负责的人，能理智地选择和制定方向的人，能获得有关解决问题知识的人，能灵活地与理智地适应新的问题情境的人，能自由地和创造性地运用所有有关经验灵活处理各种问题的人，能在各种活动中有效地与他人合作的人。

人人都有自我实现的成长倾向和需要，所以，人不仅要维持自己的现状，还要发展自己。每个学生都具备解决自身问题的能力和动机。教师的任务是创造一种恰当的教育气氛，采用有效方法调动学生天性中解决自身问题的动机和能力，帮助他们重新发现自己，评价自己，认识自己内在的成长潜能，以此消除其"自我概念"上的不协调及其所造成的心理障碍。人本主义教育思想提倡给学生以无条件的积极关注，提倡从一开始就创造并维持一种没有威胁感的可以降低焦虑的安全气氛，提倡教育中的"非指导性"。只有这样，才能有效地帮助学生勇敢地面对自己的"自我概念"的不和谐，自由地表达自己既未被歪曲也未被否定的真实的生活体验，并进而对自己的成长负起责任。

罗杰斯将心理咨询的方法移植到教学中，提出了非指导性的教学模式。他极力批判传统教学将教师和书本置于教学活动核心位置的做法，认为这种方式只能使学生成为"奴隶"。相反，教学活动应把学生放在中心位置，把学生的"自我"看作教学的根本要求，所有的教学活动不仅服从"自我"的需要，而且也要围绕着"自我"进行。基于此种认识，罗杰斯倡导过程哲学观，反对任何固定、僵化、一成不变的东西，虽然他从未明确和系统地描述过非指导性教学的系统方法，但从其基本理论假设中还是可以发现非指导性教学的以下实施策略的。

（1）教师应对自己坚信不疑，应当对学生的独立思考及自学能力充满信任；

（2）教师应同其他人共同担负起教学活动责任，课程计划、教学管理、经费预算、政策制定等都应是一个小组的共同责任；

（3）教师为学生提供学习资料；

（4）学生探索自己感兴趣的问题，在探索的过程中，每个人就自己的学习方法做出选择，并对这些选择所产生的结果负责，据此形成他们自己的学习计划；

（5）提供一种有利于学习的气氛，这是一种充满真诚、关心和理解的气氛；

（6）学生的重心集中在学习过程中的体验，学习内容虽然重要，却是第二位的；

（7）强调自我训练，学生将训练看成他们自己的责任；

（8）重视自我评价，小组成员或教师的反馈信息也会影响学生的自我评价。

在高校英语教学中，很多教师习惯使用传统的英语教学方法，即让学生机械地记忆一些语法规则、词汇，反复操练一些枯燥的、冷漠的、缺乏真实性的对话或句型，或者是使用简单的翻译方法。教师是课堂的中心所在，教师的任务是"传道授业"，而学生则像是一个容器，充当着被动接受知识的角色。在这种"填鸭式"的教学中，师生之间、同学之间缺乏交流，学生的主动性、创造性被严重遏制，学生的个体差异被忽略，学生的情感因素被抹杀，导致学习效率低下。因此，为了进一步提高英语教学的质量，在教学的同时，必须关注学生本身及其情感等方面的因素。这正是人本主义教学法的研究重点。人本主义心理学的教育观和学习理论蕴含着丰富的内涵，对当前高校英语教学的研究有着重要的影响。在英语教学方法中，研究者们已经在英语教学观、课堂设计、师生关系等方面都进行了一些探索，比较著名的包括暗示教学法、社团学习法和交际教学法等，这些和人本主义的教学理念异曲同工。它们都有如下特点：第一，理论依据是心理学，而非语言学；第二，学生的情感状态被视为影响学生语言学习的重要方面；第三，教学深刻理解并认同全人教育的理念，注重缓解学生的焦虑、自卑情绪，帮助其建立安全感。

四、错误分析理论

错误分析理论主要是对第二语言展开的研究，最早产生于 20 世纪 60 年代到 70 年代初，是在对比分析受到挑战和批评的背景下产生的。一开始对比分析认为母语和第二语言的根本差别是第二语言错误产生的根源，随着差别的增加，学习困难也就越大，出错概率也就越高。但是，经过不断教学验证发现，第二语言学习时往往是在与母语语表相似的方面容易出错，而且并非来自母语的干扰，之后人们发现依照母语形式对外来语言学习者的错误进行预测和解释是不够的，于是转向了对学习者的错误进行系统分析和研究，错误分析理论也就由此产生。[①]

五、认知主义学习理论

认知主义学习理论认为，学习个体本身会对环境产生这样或那样的作用，大脑的活动过程能够向具体的信息加工过程转化。布鲁纳（Brune）、苛勒（Kohler）、加涅（Gagne）和奥苏贝尔（Ausubel）等是认知主义学习理论的主要代表人物。

人要在社会上生存，必然要与周围环境互相交换信息。人是信息的寻求

---

① 娜日苏，常云. 错误分析理论在大学英语教学中的应用研究［J］. 创新创业理论研究与实践，2019，2（13）.

者、形成者和传递者，从一定意义上来讲，人的认知过程也就是信息加工的过程。

认知主义学习理论的基本观点为，在外界刺激和人内部心理运动过程的相互作用下才形成了人的认识，而不是说只通过外界刺激就能形成人的认识。依据这一理论观点，可以这样解释学习过程，即学生从自己的兴趣、需要出发，将所学知识与已有经验利用起来对外界刺激提供的信息进行主动加工的过程。

从认知主义学习理论的基本观点来看，教师不能简单地将知识灌输给学生，而要将学生的学习动机激发出来，对学生的学习兴趣进行培养，使学生能够将已有的认知结构和所要学的内容联系起来。学生的学习不再是被动消极的，而是主动选择与加工外界刺激提供的信息。

认知主义学习理论认为，在影响学生学习的因素中，学生自身已有的认知结构具有非常重大的作用，在教学中应将教学结构直观地展示给学生，让学生对各单元教学内容之间的相互关系有深入的了解。[1]

第三节　影响高校英语教学的因素

一、政策因素

所谓政策因素，指的是教育行政管理部门在社会、政治、经济等方面对人才的需求等制订的相关的外语教育政策。这些外语教育政策会对英语教学提出具体化目标，这些目标可以使教学活动更加具有针对性，提高人才培养的实用性和现实性。

影响大学英语教学的政策因素可以分为以下三个方面。

1. 大学英语教学是关系到我国 21 世纪发展和人才培养的重要因素。大学英语教学对学生的整体素质、能力、知识结构等产生重要影响，且这些因素会对社会的发展产生间接影响。

2. 国家政策不仅为大学英语教学制订相关的政策和目标，还对教师的工作进行监督和分析、评估。国家政策对于教师的工作热情和积极性具有重要影响。奖罚分明的制度能够有利于教师在自己的工作岗位上兢兢业业、刻苦钻

---

[1] 武黎. 融合与渗透[M]. 太原：山西经济出版社，2020：54-55.

研、勇于付出，为国家培养出更多的优秀英语人才。

3. 学生的分配、政策所规定的学生获得的相关的证书等都对其以后的毕业和工作产生重要影响。

二、环境因素

环境因素对大学英语教学有着非常重要的影响。大学英语教学的有效实施需要社会以及学校等各方面的积极配合。社会以及学校的外部环境、教学设施以及相关因素的完善与否对大学英语的教学质量具有举足轻重的作用。

（一）社会环境

社会环境主要指经济发展状况、科学技术水平、人文精神、社会群体等对英语学习的态度以及社会对英语的需求程度等。社会因素是影响和制约外语教学的重要因素。英语教学中大纲的制订以及课程标准的设置都需要以符合社会对于英语人才的需求等为依据。社会环境因素对教学具有导向作用是英语教学向前发展的动力。

（二）学校环境

学校环境主要涉及班级的大小、教学设施、教学信息、教学资料、英语课外活动、校风班风和师生人际关系等。学校是为学生提供学习场所和学习手段的最佳环境，它对英语教学的影响更直接。学校的教学质量、管理水平以及各项硬件设施的完善与否对英语教学的成败起着关键性作用。

1. 教学设备

教学设备是学校教学的重要组成部分。学校教学设备包括很多方面，教室、图书馆、实验楼、办公楼、宿舍等都属于学校的教学设备。教学设备的完善程度直接影响着英语教学活动的开展。好的教学设施，如教学楼以及图书馆等都有助于增强学生的学习意识，一些语音教室和多媒体设备可以为学生的英语口语学习提供必要的技术支持，学生可以通过语音教室等提高自己的口语水平，这些设施也在一定程度上缓解了学生的学习疲劳，有助于激发其英语学习的兴趣。总之，这些现代化的教学设备为英语教学提供了很好的环境。

2. 教学信息

现代化的教学设施不仅可以为学生提供一些学习工具，还可以拓宽学生的信息渠道。学生的英语知识不仅可以通过教材和课本获得，还可以通过互联网等来获取。英语学习需要实践，只在课本中学习英语是不可能从根本上提高英语水平的，因此，现代的信息网络技术为英语学习提供了很好的信息来源，使学生能够通过互联网等与外界的英语世界进行交流与学习。

三、教师

教师是高校英语教学的重要因素，在英语教学中起着主导作用。在英语课堂上，教师主要充当两种角色，即掌控者和引导者。作为一名合格的英语教师首先应该具有纯正的发音。然而，并非所有的英语教师都具有纯正的发音，所以教师可以借助广播以及多媒体等手段来弥补自己的不足，确保学生在课堂上所听的内容都是纯正的。同时，教师在讲解单词、句子、课文时，应该穿插一些解释，对难懂的词语要不断重复讲解。在多数英语课堂上，教师的讲话占据课堂大部分的时间，不可否认，教师的讲话有利于学生的语言习得，但也不能因此牺牲学生的练习时间。同时，教师还要注意不断变化教学的形式，以增强课堂的趣味性。一位合格的英语教师还应具有一定的应变能力，能预测课堂活动中出现的状况，能很好地处理课堂上的突发事件，确保课堂活动的有序开展。此外，教师应该随时调整自己的提问方式、语言运用、提供反馈的方式。在英语课堂中，提问是教师常用的一种教学手段。通过提问，可以有效激发学生的学习兴趣，促使学生积极思考，帮助教师对某些知识结构进行诱导。另外，语言运用的方式也很重要，为了让学生对所讲述的知识有一个充分的了解，教师在教学中可以采用重复话语、降低语速、增加停顿、改变发音、调整措辞、简化语法规则、调整语篇等措施。学生是英语教学的重要反馈者，同样，教师的反馈也是十分重要的。所谓提供反馈就是指教师为学生的学习情况提供反馈。教师的反馈可以是对学生话语的回答，如表示学生问答正确或错误、赞扬鼓励、扩展学生的答案、重复学生所答、总结学生回答、批评等。总之，教师的目的就是采用不同形式的教学方法，调动学生的积极性，扩展学生的知识面，培养学生的学习能力，提高整体教学的效果。

影响大学英语教师教学动机的主要因素有：

（一）个人内在因素

从教学内在原因和愿望来看，大多数教师对从事英语教学的内在动因的认同感比外在动因强，即这部分教师对大学英语教学有较大的兴趣。几乎所有老师都在乎自己的教学效果，上好课的主观愿望很强，教学态度认真，但也有较大部分教师缺乏职业满足感；随着年龄、教龄的增长或职称的提高，教师的教学兴趣、成就感和自我发展能力逐渐减弱。

（二）工作因素

从教学的外在原因来看，在各个年龄段的大学英语教师眼中，认真教学更多是为了得到学生的尊重，而"为了谋生""领导表扬""在教学评估中得高分"和"为了更多学生通过全国英语四级考试等"都是次要因素。教师上课最大的动因在于他们对教学工作的责任感，即"我要上好课"这一内在原因起到主要作用。同时，学生的认同可以在较大程度上促进教学的积极性；而"领导表扬"这种精神上的鼓励与教师的教学态度关联并不大。另外，因为职称评定重在科研这一政策使得教学评估所起的作用也不大，很多教师认为，"只要平时上课效果不差就可以"。因此，在以上外在因素中，学生的教学评价为先，"同事的认可""可观的奖金""谋生""领导表扬""教学评估"等原因排在其次，还不足以称为促进教学动机的外在动因，对大学英语教师的教学动机影响不大。此外，上述外在因素与年龄段的关系不明显。由此可见，教龄、职称和学历的变化对教学的外在动机影响并不显著；从教师自身努力的角度来看，教师在教学上付出的努力随着年龄和教龄的增长而有所减少。

（三）人际关系因素

学生的积极配合、部门凝聚力及科研压力是影响教师对英语教学环境态度的首要因素。一个有凝聚力的教学部门可以使教师们愉快地工作，而心情舒畅的工作也就容易造就学生喜欢的教师，这对学生学习态度的培养也有好处。大多数教师认为，自己的科研能力有限，为了评职称，他们有时会牺牲教学质量勉强写些学术水平不高的文章。真正意义上的搞科研是促进教学的，仅为评职称赶论文则可能会适得其反。

（四）其他因素

影响大学英语教师教学动机的重要因素还有健康因素、学校的分配制度、教学设施的好坏及有无国外进修机会。不少教师已意识到健康的重要性，特别是45岁以上的教师。学校的分配制度、教学设施的好坏及有无国外进修机会这三个因素对大学英语教师的教学动机影响不大。如果给予教师适当的外在动机的刺激，如改善教学设备、提供国外培训机会，教师的教学动机一定有质的提高。只是普通的非重点大学没有这个能力给教师提供这种宝贵的学习机会，教师的英语语言能力不能及时有效地充电，必然会呈逐渐下降趋势，这点应该引起教育主管部门的重视。

综上所述，多数大学英语教师主要是受内在动机的驱使把时间与精力投入教学上。他们的教学动机主要决定于内在动机,外部动机只起到辅助促进作用。

四、学生的个体差异

（一）语言潜能的差异

潜能是一种固定的天资。某些人较其他人有更高的水平。有这种能力的人,在语言学习方面可能会取得更快的进步。语言潜能包括：语音编码、解码的能力,即关于输入处理的能力；归纳性语言学习的能力,它是有关语言材料的组织和操作的能力；语言敏感性,它是从语言材料中推断语言规则的能力；联想记忆能力,它是关于新材料的吸收和同化能力。每个学生的语言潜能都存在差异。在英语教学过程中,教师应了解学生的语言潜能,从而因材施教,使之针对不同的学习任务在不同场合发挥各自的长处,以收到事半功倍的效果。

（二）认知风格的差异

认知风格又称认知方式,是指个体在认知过程中所表现出来的习惯化的行为模式,它既包括个体知觉、记忆、思维等认知过程方面的差异,也包括个体态度、动机等人格形成和认知功能及认知能力方面的差异。每个学生都有各自不同的认知风格。然而,不同的认知风格又有优劣之分,但这并不体现在学生的学习成绩上。每个学生都有自己偏爱的信息加工方式,在学习不同材料时也会各有所长。当学生的认知风格与教师的教学风格、学习环境中的某些因素相吻合时,就会获得好的学习成绩。因此,教师应了解并尊重学生的认知风格,针对不同的学习任务和学习环境因材施教、正确引导,使自己的教学特点与学生的需要有机地结合起来,从而获得良好的教学效果。

（三）情感因素的差异

素质教育的发展与革新使情感因素受到众多关注和重视,了解情感因素对高校英语课堂教学产生的影响,加强对教育主体的全方位分析,可切实基于主体状态强化柔性化培养,以此实现素质教育的发展与革新,推动新时代高校英语课堂迈入新的发展阶段。情感因素对高校英语课堂的影响包括多方面,有利于强化对教育主体的全方位了解与认知,也有利于提升高校英语教学效率与质量,更有利于基于素质教育发展需要,完善教学结构,也能切实推动高校学生成长为德智体美劳全面发展的人才。研究情感因素对高校英语课堂教学的影响，主要是为了提升英语教学质量与效率，更好地为教育主体服务，因此，此处主要基于情感因素对学生的影响进行阐述。

1. 态度

态度是教育主体对英语课堂的情感体现，感情倾向也属于态度的主要特征，因此从态度方面入手，了解情感因素对高校英语课堂教学的影响，有利于更好地了解教育主体行为，也能全方位得知学生对学习的态度。学习者对语言的态度及对语言学习的态度都会影响其最终学习效果。以英语课堂教学为例，学生的积极态度和消极态度都会影响课堂教学效果。英语学习过程中，学生会了解西方国家的文化观念与价值观念，当对相关内容感兴趣时，学生会积极主动地学习英语，而抵触西方文化的学生会从主观意识上排斥学习英语，有消极态度的学生，一般学习效果也相对较差。基于学生的学习态度，可将不同学生分为不同类型，发现不同类型学生的特点，也能基于特点展开针对性教学，确保情感因素在高校英语课堂教学中的有效应用。

2. 动机

学习动机会对高校英语课堂产生极大影响，教育主体的学习动机关乎其学习动力，也关乎其课堂表现。从教育心理学方面加强对学习动机的深入分析发现：动机是教育主体学习语言的动力，学生需要自觉主动地学习英语，并认识到语言学习的重要性，才能激发情绪，提升主观能动性。教师可利用幽默风趣的教学形式、新颖的理论及实践教学模式，为学生营造良好的学习环境，以此激发其学习动机，提升其学习的主观能动性。学习动机分内在和外在，内在是学生对学习内容的兴趣，而外在是指外界对学生学习动机的影响。为激发学生主观能动性，教师可以为学生设置模拟情景，以此将外在动机转化为内在动力，确保学生主动学习英语。

3. 焦虑

所谓焦虑是指学生在学习时因不能实现学习目标而出现的情绪，一般自信心受挫会出现焦虑感。学生的焦虑情绪会影响其对学习的渴望，也会影响学习效果。高校英语课堂中产生的焦虑情绪，一般由学习环境或学习成绩引起。学生学习成绩较差或相应的竞争压力较大会出现焦虑的情绪，这种焦虑情绪会严重影响学习效果，也会影响高校英语课堂教学的正常开展。虽然焦虑属于负面情绪，但在情感因素方面焦虑分为两种，一种属于促进性焦虑，这种焦虑会使学习主体产生学习动力，积极迎接新的挑战与新的任务；另一种焦虑属于退缩性焦虑，这种焦虑会使学生产生逃避心理，在日常生活中出现焦虑不安的情绪，也容易导致学生对英语学习丧失信心，还会使学生产生逆反心理。①

第四节　高校英语教学的基本原则

一、以学生为中心的原则

以学生为中心原则是英语教学的首要原则。以学生为中心的理论来源于美国教育学家杜威的儿童中心论。尊重人类自由的天性，遵循教育的自然规律对儿童的成长和发展具有重要的作用。将儿童中心论的观点引入英语教学，就是要求尊重学生的主体地位，遵循学生学习的自然规律。换句话说，教师要将自己的教建立在学生的学基础之上，心里时时刻刻装着学生，想着学生的需求，一切工作围绕学生的学习进行。教师必须在充分了解和分析学生心理与需求的基础上，安排和调整自己的教学策略和步骤，以适应学生的需要。②

二、发展性原则

所谓发展性原则，就是要保证所有学生的智力和非智力因素都得到发展。发展所有学生的智力因素与非智力因素是衡量教学效果的重要标准。高校英语教学过程既是学生认知、技能与情感交互发展的过程，又是生命整体的活动过程。因此，学生的发展可以看成一个生命整体的成长，并且这个发展过程既有内在的和谐性，又有外在能力的多样性以及身心发展的统一性。要实现英语教学的发展性，需要做到下面三点。

1. 教师要关注每个学生的成长，以保证所有学生都得到发展；
2. 充分挖掘课堂存在的智力和非智力资源，并合理、有机地实施教学，使之成为促进学生发展的有利资源；
3. 为学生设计一些对智慧和意志有挑战性的教学情境，激发他们的探索和实践精神，使教学充满激情和生命气息。

---

① 柳琳．情感因素对高校英语课堂教学产生的影响［J］．现代英语，2022（4）．
② 李捷，陈新仁．"以学生为中心"的学术英语教学框架构建［J］．语言教育，2023，11（3）．

三、直观性教学原则

英语直观性教学原则是指教师在英语教学中通过实物或语言描述，引导学生形成所学内容的清晰表象，从而发展学生的英语能力。俗话说：百闻不如一见。直观教学形象鲜明、生动且有趣，学生容易接受，所学知识不容易忘记。在运用直观教学时，直观教具选择要符合学生的年龄特征和认识水平，直观教学手段要与教师的适当讲解相配合，要考虑合理使用教具的数量、时间和地点，防止直观教学的不当与滥用，要重视语言运用的直观。教学中教师应因地制宜，尽可能利用直观手段创设情景，可以利用教室中的人、简笔画、实物、图片等直观教具以及动作、手势和表情等肢体语言进行有效情景教学，或利用多媒体等辅助教学设施呈现教学情景等。

四、交际性教学原则

英语是一种交际工具，学习英语最重要的目的就是参与社会交际。英语交际性原则就是指教师把英语作为交际工具来教，学生把英语作为交际工具来学，师生在课堂内外把英语作为交际工具来用。交际性教学原则在教学中体现在教学材料语境化、教学过程交际化、以学生为中心的课堂教学模式和轻松自由的课堂气氛中。社会需要什么，教师就去教什么，社会怎么用英语，教师就怎么去教英语，从最基本的阶段迈入实际交际阶段。教师在授课时尽量把日常生活中的交际形式搬上讲台实行情景教学，比如在阅读课中渗透听说练习，培养学生交际能力；大量开展英语课外活动，为学生创造交际条件；充实学生的西方社会文化知识，增强语言得体性意识等。

五、多样性教学原则

英语学科教学的特点之一就是多样性。多样性教学有利于唤起学生学习英语的兴趣，提高效率，能够有效提高学生的英语能力。教师要根据实际情况，全方位对学生进行多样性教育。多样性主要包括：

（1）教学方法多样性：开放式、开发式、参与式、交流式、借助式、迁移式和启发式等。

（2）组织形式多样性：全班式、分组式、示范讲解法、变换角色法等。

（3）授课内容多样性：随着教学进度变换不同的内容，以专项为主，穿插不同类别的内容。

（4）教学手段多样化：采用幻灯片、投影仪、简笔画、实物、图片、录音、录像,配上教师肢体语言等。

(5)课堂环节多样性:组织教学、复习检查、讲解新课。

(6)评价方式多样性:设立英语学习进步奖、超越奖、克服困难奖、完成作业优秀奖、听说读写单项奖等,学生进行自评、互评和集体投票等。

六、系统性教学原则

英语的教学活动应当持续、连贯和系统地进行。英语教学必须依照英语课程体系和学生身心发展规律来进行。教师要贯彻好这一教学原则,不断了解英语学科教学的最新发展,使教学活动更加科学合理,以教学大纲为主线,由近及远、由浅入深、由简到繁,并根据实际情况适当地调整教学速度和增删教学内容。

第二章 改革视野下的高校英语任务型教学法研究

任务型教学通过任务谋求发展，提倡学生参与和体验，可以在教学的过程中突出学生的主体地位，注重个体化差异，可以帮助学生养成较好的学习习惯，最终提高学生的学习能力。本章首先分析了任务型教学的相关基础性知识，接着进一步探讨了高校英语教学中实施任务型教学法的意义与可行性，论述了任务型教学方法在高校英语教学中的实施，最后详细地研究了任务型教学方法在高校英语教学中的应用等相关的内容。

第一节 任务型教学概述

一、任务型教学的概念和类型

（一）任务型教学的概念

任务型教学就是以具体的任务为学习动力或动机，以完成任务的过程为学习的过程，以展示任务成果的方式（而不是以测试的分数）来体现教学成就。[①] 学生有了具体的动机就能自主地学习，并且能主动地运用所学语言去做事情，在做事情的过程中自如地使用所学语言，在使用所学语言做事情的过程中发展语言能力。

任务型教学要求教师依据课程的总体目标，结合教学内容创造性地设计贴近学生生活实际的教学任务，吸引学生积极参与，组织以学生为中心的课堂教学。其鼓励学生通过思考、调查、讨论、交流和合作的方式学习和使用语言，

---

① 张景. 英语教学方法新探索 [M]. 长春：吉林出版集团股份有限公司，2021：27.

完成学习任务。

（二）任务型教学的类型

任务型教学的类型可以分为以下四种：预测型任务教学、对比型任务教学、问题解决型任务教学和创造型任务教学。

1. 预测型任务教学

在学生没有读完或听完整篇课文之前，教师应鼓励学生根据课文标题、所学的课文片段或图片所提供的情景对课文内容进行预测。让学生通过独立思考来预测课文的内容，尽管他们会给出各种各样的答案，但是当他们通读全文后，对文章内容的印象会更为深刻。这样既调动了学生的积极性和自主性，又有利于培养学生的想象力和发散思维能力。

2. 对比型任务教学

对比型任务通常是对相同性质的事物或人物进行比较，找出其共同点或不同点。这种学习任务要求学生对类似的事物进行比较，找出它们之间的相似之处及不同之处。另外，教师还可以在原文中添加多余的单词或删除个别词句，让学生找出不妥之处。教师在教学中运用这种任务可以让学生对比不同的材料或叙述，从中找出它们的异同点。通过对比可以锻炼学生的口头表达能力、判断能力和综合概括能力。

3. 问题解决型任务教学

问题解决型任务要求学生根据自己已有的知识和推理能力，解决现实生活中可能遇到的问题。例如，教师可以让学生自己设置情境，由学生来扮演书本中的角色，让他们经过准备后在班级里进行表演。这样通过对实际问题的解决可以激发他们学习的主动性和积极性，并提高他们学以致用的意识和能力。

4. 创造型任务教学

创造型任务指任务具有探索性、开放性和实践性。这类任务多由两人或多人以小组合作的方式来完成。在这类任务中，团队合作和组织能力是非常重要的。这项活动能够让学生将所学的知识与现实生活中的真实情况相结合，激发学生的创造性思维，提高学生的学习兴趣，提升他们的分析能力和综合概括能力，并培养他们的语言运用能力。

二、任务型教学的原则

（一）强调真实性原则

在具体应用和实施任务型教学法中，教师应该保证教学任务设计或教学活动设计的真实性。具体而言，就是教师要明确语言交际应该在怎样的情景中发生，或需要什么样的情景进行交际。可见，真实性原则是教师在教学中实施任务型教学法必须遵循的原则。只有使语言与情景有效融合才能实现交际的目的。如果没有真实性的情景，交际也很难顺利进行，语言知识与情景也很难融合在一起。

另外，教师应该从思想上意识到真实性原则在任务型教学法实施中的重要性，应该重视语言知识的情景性设计，鼓励学生不断适应新的情景，同时引导学生利用各种手段和途径来理解语言知识情景。在此基础上，学生还应该学会将自己学习的语言知识与新的情景有效融合，从而实现知识中有情景、情景中有知识的多元化体系。除此之外，需要强调的是，在英语教学中，绝对的真实性情景并不容易实现，这里强调的真实性原则并不是绝对的真实性，而是要求尽可能地真实，尽可能地与现实生活贴近，或尽可能地为学生提供真实的教学情景、学习情景和交际情景。

（二）关注信息差原则

信息差就是交际双方之间各自拥有的新信息，信息差的实施必须有共享信息作为基础。只有交际双方在共享信息的基础上，才能通过交流和交际来获得各自所需要的新信息。这也就是交际双方交际的最终目的。在进行交际或理解任务的过程中，交际双方十分重视任务的内容、意义等，并不重视语言采用的形式以及语言的表达、语法的准确。交际双方只要理解了任务的内容和表达的意义，就可以称得上交际的成功或任务执行的成功。因此，教师在教学中实施任务型教学法的过程中应该关注信息差，了解共享信息的基础作用，理解双方的交际需求，明确任务本身所要表达的意义。

（三）注重互动性原则

语言教学需要互动性，大学英语教学也不例外。[①] 在任务型教学法实施过程中也应该注重互动性。互动性强调的是交际双方在交际过程中的双向性，无论是对话、会话还是讨论都是互动性的。具体到日常生活的交际中，最为常见的交际方式也是双向的。在日常生活交际中，也存在着一些单向的交际方式，如话剧中的独白就是常见的单向交际方式。

在交际过程中，互动性是语言输出的基础，是信息交流的前提，是意义协商的保障。在互动中必然有合作，必然有交流。需要指出的是，互动还需要一

---

① 段茂超. 大学英语教学创新与实践研究［M］. 长春：吉林出版集团股份有限公司，2021：101.

定的条件，如话语常规、人际关系、交际需求等，只有这样才能保证互动是有意义和有价值的。同时，在互动过程中，为了能够保证互动的顺利性和有效性，互动双方还应该选择不同的语言交际形式。另外，互动的过程也就是交际双方互相了解对方的过程，也是获得交际需求的过程。互动能够使交际双方更好地认识语言、了解语言、理解语言和使用语言。

具体到英语教学中，教师在应用任务型教学法的过程中也应该遵循互动性原则。例如，在英语的教学过程中，教师可以通过对话、提问、交流、讨论、合作等形式来实施教学。同时，教师应该充分发挥互动的作用，采用多种方式鼓励学生主动发言、主动交流、积极提问、主动辩论等。这样有利于学生从中感受到互动的乐趣，激发学生学习英语的兴趣。另外，教师应该将互动性贯穿于教学的整个过程中，多布置一些互动性的任务，鼓励学生积极参与到互动活动中，从而使学生更好地完成任务。

(四) 注意操作性原则

任务性教学法在实施过程中还应该注重任务的可操作性。如果任务或教学活动设计得过于复杂或过于难，就不利于学生顺利完成任务。同时，在设计教学活动或教学任务过程中，教学道具、教学内容、教学时间等都应该合理安排，既能够满足教学需要，又能够将教学的内容和意义表达出来。

另外，有一些教学活动或教学任务有时间的限制，要想在注重可操作性的基础上，教师在设计教学活动和任务的过程中应该充分考虑多种因素，将课堂教学与课后练习相结合，同时还可以借助一些道具或利用一些信息化教学手段来进行设计，进而鼓励学生积极主动地完成任务。除此之外，为了增加任务的可操作性，在设计教学活动和教学任务的过程中，教师应该使任务设计的内容更加简明扼要，可以将任务做成能够修改的方式，还可以对任务中的内容进行重复运用。

三、任务型教学的优点和缺点

(一) 任务型教学的优点

任务型教学模式是对交际法批判式的继承与发展。交际法采用功能—意念大纲来确定教学的内容和目标，而任务型教学模式以任务为核心计划、组织教学，制订任务大纲，以任务的完成为教学目标。在任务型教学模式中，英语学习的实质条件是真实的语言环境、大量的目标语输入和输出机会以及学习者之间的意义协商，而交际法缺乏大量的语言输入和输出机会。任务型教学法采用任务组织教学，为英语学习创造了必要的条件。选择与生活相关的交际任务能够为学习者创造接近自然的语言学习环境，促进完成任务过程中学习者之间的互动、意义协商，并提供大量的语言输入、输出和验证假设的机会，这本身就能够推动学习者语言能力的发展。

任务型教学模式的重要创新在于提出了形式—功能性原则，即让教师与学习者明确语言的形式与功能之间的关系，因此任务的设计注重语言形式和功能的结合。任务型教学模式对语言结构的关注并非期望学生一次性地掌握课堂中出现的语言形式，而是为了让学生对语言结构知识引起一定的注意，形成一定的认识，逐渐整合到发展中的中介语系统中，最终形成语言能力。具体地讲，学生通过完成听、说、读、写等任务，对语言进行积极的认知加工，在感受了语言形式所承载的意义的基础上获得综合语言技能的发展。在教学实践中，教师依据该原则让学生结合特定的语境观察、分析、概括出语言的规则，从而改变教师讲解、灌输语法的教学方式；同时使学生更加明确自己的学习目标，并在交际的环境中合理分配注意力，从而使语言得到持续、平衡的发展。

任务型教学模式从人的发展角度设计教学任务。任务型教学模式以任务为分析单位编制大纲、实施教学，通过任务使语言系统与语境联系起来，把教学的重心从形式转移到意义上来。它可以让学生在使用语言的过程中学会语言，并为学生创设发现学习、探索学习的情景和条件，促进学生的认知能力和智力，从而确立学生在教学中的中心地位。学生通过组织语言、使用语言去寻求答案、解决问题、完成任务。语言系统知识的掌握已不是教学的终极目的，它只是发展学生交际能力、解决问题能力的手段。任务型教学法体现了沟通与合作、真实性、关注过程、重视学生主体性参与、学用结合等特点，它是外语教学法又一次巨大的进步与创新。

（二）任务型教学的缺点

任务型教学模式也存在着不足以及许多有待解决的问题。[①] 首先，任务型教学模式的理论依据主要是第二语言习得理论，强调语言学习的重点应放在意义上。语言形式虽然也受到一定的关注，但处理语法的方法主要由教师根据主观经验做出判断，是随意且缺乏系统的。其次，任务的选择、分类、分级与排序还存在一定困难。因此，要真正做到系统有序地以任务为中心来开展教学，还需要在课程大纲研制、内容的选择、教材编写的层次上做出一定的努力。

---

① 刘媛. 新时代高校英语教学研究［M］. 北京：北京工业大学出版社，2019：70.

第二节　高校英语教学中实施任务型教学法的意义与可行性

一、高校英语教学中实施任务型教学法的意义

（一）有利于增强学生的学习兴趣

对于学生来说学习兴趣很重要，是促使他们认真学习的必备条件之一。大学英语在大学教育中占有很重要的地位，掌握好英语能够帮助学生提升在求职中的竞争力，因此在大学英语教学当中应该注意采取科学的教学方法来激发学生学习英语的兴趣。任务型教学模式运用在大学英语课堂上有利于增强学生的学习兴趣，因为任务型教学模式通常要求教师课前根据实际生活情景来设计学习任务，让学生之间通过合作、交流来完成教学目标。而学生对于设计的问题情景都比较熟悉，能够引起他们的共鸣，所以很容易对学习任务产生兴趣，学习的主动性和创造性也被调动起来。因为学生比较追求潮流，接触的新鲜事物很多，因而教师可以根据实际情况来调整英语学习任务，确保学生能够对英语一直保持浓厚的学习兴趣。

（二）有利于培养学生的自主学习能力

高校对学生的自主学习能力培养很重要，这是因为教师和家长都不能时刻监督学生，所以引导学生养成一定的自主学习习惯是教育工作者应尽到的职责。对于大学阶段的学生，尤其是刚步入大学校园的新生，他们从学习氛围紧张的高中阶段一下进入相对比较自由的大学学习环境中，他们的自主学习能力会逐渐减弱，这就需要高校教师在课堂上运用新颖的教学方法来提高大学生的自主学习能力。任务型教学模式在实施的过程中需要所有学生参与进来，通过和学生交流、讨论才能共同完成学习任务。在讨论之前由各组负责人为学生分配好学习任务，为了小组的集体荣誉，所有学生都会全身心地投入讨论环节中。在学生合作学习的过程中，每个学生都有机会表达自己的观点，学生口语实践机会也很多，这时学生学习英语的兴趣和自信逐渐增强，有利于提高他们今后自主学习的效率和能力。

(三) 有利于提高英语课堂的教学效率

在很多高校中，通常是英语专业的英语课程安排较多，而且多是小班教学，其他专业的英语课程较少，并且都是大班教学。其实，无论什么专业的学生都需要认真学好大学英语课程，不管今后选择考研、留学还是就业，英语都是一项重要的技能，能够帮助他们争取更多机会。因此，对大学英语教师来说实施科学的教学方法，全面提升学生的听、说、读、写能力，才能完成提高课堂效率这一重要的教学目标。任务型教学模式在现代大学的英语课堂上之所以越来越受欢迎，是因为教师布置的学习任务既是建立在教学内容的基础上，又是与学生的生活和经历相关的内容。学生的学习兴趣能够被有效激发，愿意主动参与英语课程的学习，教师的教学目标也可以高效达成，大学英语的课堂教学效率能够得到明显提高。不管对教师还是学生来说这种教学模式都是非常适合推行的。[①] 任务型教学方法中学生获得了更多的时间和权力，教师不仅会给学生创设真实的语言学习环境，还会给学生布置锻炼自己与他人交流的机会，让他们在学习中自然而然地利用英语进行交流，进而很好地提升学生的语言实践能力。[②]

(四) 有利于培养大学生的团队协作精神

任务型教学法将大学生划分为若干个学习小组，使小组成员可以相互交流与沟通，激发团队合作精神，纠正个人片面、主观的思想认识，共享小组群体的思想。使小组成员在和谐的学习氛围中清晰地掌握英语词汇、语法、表达等知识，强化对英语应用技能的训练，并激发各小组成员的学习潜能，使他们能自主、合作地完成英语学习任务。然后，每个小组完成任务的过程表现与效果受到教师与其他小组的考核与评判，并获得师生的真实反馈，这对提高大学生的学习效率提供了很大的助力。任务型教学法非常重视小组合作学习，这对大学生的英语学习具有很大的积极影响。

任务型教学法极其重视小组任务性学习与交流，当有待实现的目标或需要解决的问题以任务形式出现时，必然会激发学生对任务成果的渴求。在小组实际交流过程中，为了满足任务的要求，不同层次的语言学习认知知识结构必然会发生不同程度的碰撞，自我完善的欲望促进了小组成员间新的、更加科学合理的语言知识结构的出现，语言知识内化速率得到提升。当小组与

---

① 朱瑞珂. 任务型教学模式在大学英语教学中的应用 [J]. 产业与科技论坛, 2019, 18 (21).
② 郭琪. 微探任务型教学法在高校英语教学中的应用 [J]. 现代英语, 2021 (1).

小组间的任务性竞争展开时，为了达到自己的预期任务成果，小组间的成员会不断磨合、相互合作，在相互监督和帮助中形成整体的团队意识。特别是胜负结果的出现进一步强化了小组团队竞争、合作意识。获得胜利的一方为了维持小组内的荣誉感，必然会积极准备、加强学习合作力度，以取得下次胜利。而失败的小组为了体现自己的学习价值，也会加大语言学习投入，以挽回属于自己的荣誉。

值得注意的是，合理科学的小组任务型学习对性格内向或语言学习有障碍的学生的价值优势表现得更加明显，教师的显性化鼓励和学生间的隐性帮助都会促进学生的内在学习动力形成。此外，任务教学法提升了学生英语的实践运用能力。任务型教学法的目标就是变学生的外在驱动为内在自觉行动，在完成一个个阶段性任务的基础上，学生获得了语言学习自豪感和自信心。为了维持这种荣誉感的存在，学生会不由自主地加大课前预习、课后复习的时间及精力的投入，当这种自觉性形成后，学生的课堂及课下的英语运用实践的参与度就会大大增加。兴趣的形成是实践的内在动机，大量语言运用的实践必然实现学生自身英语学习效率及质量的提升。

（五）有利于调动大学生英语学习的创造性

任务型教学法是以学生为中心，结合大学生的生活经历与认知水平来规划任务，使大学生能积极主动地接受任务、参与各个任务环节、自觉完成学习任务，提高他们在英语学习中的探究、实践能力，并使他们的英语学习兴趣与热情愈来愈高。而且，教师是语言交际活动的组织者与指导者，能引导与鼓励大学生不断进步。任务型教学法能使教师结合大学生在任务完成过程中的思想心理变化，帮助大学生及时调整解决问题的方案策略，培养大学生的英语交际能力与创造力。此外，大学生具有开阔的视野与活跃的思维。对于英语基础较好的大学生，教师可以结合个性化教学的方式，使这些大学生的任务学习不局限于教材，不再是反复训练教材中的知识内容，而是让大学生能用创新、发展的眼光看待英语学科，培养大学生的获得感。[1]

（六）有利于提升英语教师的综合素质

首先，任务教育法提升了教师的教学能力。教师想要得心应手地运用任务型教育法，就必须对高校英语知识有较深的专业造诣，这就要求教师对专业教材的内容和主题非常熟悉。特别是在与学生的实际交流中，学生会将在完成任

---

[1] 杜静. 任务型教学法在高校英语教学中的应用研究[J]. 产业与科技论坛，2020（15）.

务目标过程中遇到的所有问题请求教师详细回答，教师没有较强的专业素养和充足的教学准备是无法达到这一要求的。在实际教学中，教师会加大对任务型教学法的学习与认识，积极参与学校内的相关教育培训，对教学内容和方案也会投入较多精力，这无形中就提高了教师的教学能力。

其次，任务型教学法的实际应用会增加教师的责任感和自豪感。以往传统的灌输演绎语言教学方法，因为过程过于单一、枯燥，学生往往没有学习积极性，难以产生学习兴趣，课堂十分沉闷，教学活动难以得到共鸣，所以英语教学教师难免会产生得过且过的思想。任务型教学法丰富了课堂生活，活跃了课堂交流氛围，调动了学生学习积极性和自觉性，所有学生的进步都在课堂相互交流中被体现出来。教师的教学工作价值得到了肯定，教师的责任感和荣誉感得到了大幅度提升。

二、高校英语教学中实施任务型教学法的可行性

首先，从学生的角度来说，他们已经能有意识地进行自主学习，能够有效进行沟通，有能力在交流中形成假说，关注意义和形式的差异，完成复杂的任务。

其次，从教师的角度来看，高校英语教师有扎实的语言基础，熟知语言习得理论，因此能灵活设计任务，指导学生完成任务，并能够根据学生的实际情况做出差异化的辅导。

最后，从学习大环境来分析，高校英语学习虽然仍受英语四、六级考试的影响，但与中学阶段的英语学习相比较而言，大学生的英语学习是以能力发展为中心的，而非以通过考试为唯一目的。因此，在高等教育阶段，大学管理层更能认可教师进行多种尝试，采取灵活多变的上课形式。这些为任务型教学法在高校英语教学中的运用和发展，提供了强有力的实践支撑。[①]

---

① 朱明明，代春倩，朱九扬. 任务型教学法在高校英语教学中的实践［J］. 淮海工学院学报（人文社会科学版），2018，16（12）.

第三节 任务型教学方法在高校英语教学中的实施

一、任务型教学的前期准备阶段

(一) 明确学习目标，做好分组工作

高校英语教师需要转变传统教学模式，以大学生为主体开展英语课堂教学。在课前准备环节需把握运用任务型教学模式的"任务"设计关键。根据班级大学生的实际学习心理，引导大学生明确学习目标，巧妙设计多元任务，结合学生的认知特点完成"任务"二字的全程贯穿。具体来说：第一，英语教师结合教学进度厘清细化教学任务，在明确课堂教学节奏与教学任务的基础上帮助学生对应设立学习目标。第二，全面优化任务型教学模式运用的实际成效，科学分组班级的学生，尽量保证每组都均衡搭配，民主选出组内小组长，由小组长引导小组成员合作学习，深入讨论。

(二) 明确学习方法，学会把握重难点

英语教师还应全面深化任务型教学模式，在学生自主预习过程中，指导学生更有实效地预习内容，学会把握重难点。例如，在教学中，英语教师应结合教学内容设计预习教学展开，让学生对类似词义的单词有更加清晰的梳理方法，明确不同知识之间的内在关联。同时英语教师需指导大学生在有效时间内调整课程内容，同时也应学会有所取舍，可以有主有次地抓取重点，将更多的时间与精力投入在重点内容学习上。这样大学生不仅能在系统性的知识学习中，明确有效学习方法，还可以在一定程度地保证任务型学习的趣味性，始终利用适宜的学习方法愉快学习、自主学习，避免学习脱离自身兴趣方向。

二、任务型教学的中期实施阶段

在高校英语教学实践中使用任务型教学模式，英语教师要将教学模式的应用重点集中在课堂教学实施阶段，以此强化学生自学意识，使大学生能够严格按照课前任务设计对应展开自主学习。同时，英语教师也需有意识地对学生学习任务情况做好反馈，掌握学生的学习情况。

(一) 在正式教学中鼓励学生完成任务

在高校运用任务型教学模式过程中，英语教师虽然主要处于辅助教导的位置，但英语教师不能忽视自身对大学生的引导与鼓励作用。教师需不断在正式教学活动中使用激励教育引导大学生深化学习任务，使大学生在完成学习任务时，既具备独立解决问题的实际能力，又能在前期合作学习的基础上合理运用合作学习模式，有意无意地参与学习兴趣小组，以小组为单位完成英语教师交付的学习任务，自主开展拓展实践。例如，在单词、语句以及语法等教学中，英语教师主要训练大学生的独立能力。而在教学整体课文思想抑或是拓展思考作业时，教师则需设计合作任务，依托小组式的合作探究，提升大学生的学习洞察力，让大学生深入学习、相互实践。

(二) 做好任务型教学的任务反馈与总结

在任务型教学模式中，英语教师主要以大学生的实际生活为基础设计教学框架，使大学生能自主与教师一起通过教学任务逐层完成教与学目标。因此，在运用任务型教学模式过程中，英语教师可使用情境创设、课堂提问以及小组合作等多样的教学方法展开教学实践，在教学的同时注重教学任务反馈，详细分析总结班级学生学习情况，从而使大学生的学习思维更加畅通、学习自觉性更加积极。第一，英语教师需分析大学生在学习任务完成过程中的条理思路，重点表扬学生在细节上体现的学习优点，对学生进行肯定。第二，结合大学生实际学习任务对应提供参考意见，以平视沟通的态度引导大学生思考学习任务完成过程中的不足，弱化自上而下的说教式教导。第三，英语教师在分析小结完毕后，还要延伸拓展学习任务，拔高学生的知识层次。

三、任务型教学实施的总结阶段

(一) 引导学生掌握和运用自我评价

高校英语教学运用任务型教学模式，英语教师需要根据任务完成后期的总结环节进行重点拓展。在任务总结环节的学生评价一环，引导大学生积极自评与互评，深挖大学生的主观能动性。例如，在学习后的学习任务总结阶段，大学生已能够明确地对自我预习经验与正式学习进行比较，在对比体验中能明确认知自身存在的不足，英语教师只需引导学生在专门的评价环节进行口头反思、系统总结，就可以逐渐深化大学生的反思思维，使其养成有效的总结反思习惯。同时，对独立学习与合作学习的认识与思考也更加全面，为今后合作学习改进指明方向。

（二）采用多元化的教学评价方法

在高校英语教学运用任务型教学模式过程中，英语教师需采用多元化的评价方式优化传统教学评价，增加灵活的评价内容与评价方法，不再局限于以考试成绩为唯一基准，打击学生的英语学习自信。例如，英语教师可以将大学生英语理论素养纳入评价系统，使大学生即便实践应用能力不足，也能保持高昂的积极学习态度，在后续实践摸索中迎头赶上。对于喜欢且热衷于口语交际的大学生，对应设计理论评价内容，引导学生在注重自身口语表达以及阅读写作的基础上，逐渐醒悟英语理论学习对自身发展的必要价值，充分平衡好学习不足，全方位优化学习目标。①

第四节　任务型教学方法在高校英语教学中的应用

一、设置贴合学生实际的学习任务

现在的大学生比较乐于接触新鲜事物，他们大都思想独立、个性鲜明，有着比较丰富的个人经历。这就导致了部分大学生都不太重视大学英语课程。由此可见，很多大学生的英语学习兴趣并不高。当代很多高校与时俱进，引进任务型教学模式到大学英语课堂上，就是为了提高学生的英语学习水平。要想激发学生的学习兴趣，教师在设计学习任务的时候就要注意贴合实际生活，最好是选择一些受当代年轻人喜欢的主题。例如，现在的互联网很发达，大学生的日常生活已经离不开网络，不少学生喜欢在网购平台上买东西，因而英语教师就可以设计和网购有关的话题，让学生交流下自己难忘的网购经历，搜集一些相关资料在小组中互相分享，并做一下展示。因为网购话题对他们来说非常熟悉，因而学生做任务的兴趣也就更大。

---

① 吴春妹. 任务型教学模式在高校英语教学中的运用分析［J］. 黄河·黄土·黄种人，2021（12）.

二、培养学生的合作意识和自主学习能力

对学生来说,具备自主学习能力十分重要,是帮助他们取得优异成绩的基本能力。任务型教学模式通过让学生之间合作学习、互帮互助、互相监督,学生的主动学习意识会增强,加上多次参与这样的教学活动,他们的自主学习能力也会逐步提高。因此,对英语教师来说可以通过培养学生的合作意识来达到增强学生自主学习能力的目的。第一,要给他们灌输荣誉感意识,让每个小组在思想和行动上更加团结,组员之间互帮互助,遇到难题一起解决。第二,教师要鼓励小组负责人承担起责任,尤其是对英语表达水平不高的组员应多给予关注,号召其他学生来帮助这位组员,带领他共同完成学习任务。第三,教师应对合作意识最强的小组提出表扬,并增加学分激励,这样会让更多的学生意识到团结合作的重要性。学生的合作意识越强,就越能在教学活动中学到更多知识,有利于提高他们学习英语的自信,今后主动学习英语的积极性和能力也会增强。

三、教师要不断提高实践操作能力与科研能力

教师应不断提高自身的综合素养,充分发挥任务设计者与指导者的作用,并结合大学生的实际需求,对任务难度进行准确把握,注意任务制定的衔接性,提高课堂组织、应变的能力。此外,教师应结合英语教学规律与大学生的心理特点,不断更新完善自己的英语知识结构体系,掌握现代化的教学手段,改进与运用先进的英语教学方法,不断加强自我完善。

四、建立系统全面的任务型教学评价体系

教师应根据任务型教学的三个阶段,从多角度多层次对大学生展开综合评价。教师除了重视大学生的考试结果,还要考查大学生在完成任务过程中的具体表现,也就是将终结性评价与过程性评价结合。同时,教师还要通过观察自己的教学过程来展开自我评价,并通过说课、反思会等形式进行同行互评。此外,还要采用学生自评、同伴自评等方式。展开科学系统的教学评价既能帮助教师不断完善任务型教学策略,也能帮助大学生树立新的学习目标,进而实现自我提升。

第三章　改革视野下的高校英语情境教学法研究

情境教学是一种通过一定的背景材料设置问题并以问题的解决作为教学任务指向的教学方式。本章首先分析了情境教学的相关基础性知识，接着进一步探讨了高校英语教学中应用情境教学的价值，最后详细地研究了情境教学在高校英语教学中的应用等相关的内容。

第一节　情境教学概述

一、情境和情境教学的概念

（一）情境的概念

情境是指一个人在进行某种行动时所处的社会环境，是人们社会行为产生的具体条件，包括真实的情境、想象的情境、暗含的情境等三类。在很大程度上，情境可以界定为在特定的环境下个体行为活动的即时条件。

（二）情境教学的概念

情境教学是指在教学过程中，教师有目的地制造或创设以形象为主体、具有一定情绪色彩、能够为知识探索提供具体的活动场景或学习资源，以此为支撑启动教学。从而使学生产生学习的需要及动力，推动教学进程，同时通过情境中传递的信息，引起学生一定的感受和情感体验。这样可以帮助学生实现对知识意义的主体建构，并优化和发展其心理机能。

情境教学是将自然状态下时间与空间上分散的情境，经由教师有目的地设计为加工过的、在时空上有序集中起来的学习情境来组织课堂教学。学生在其中学习，全程都能感受到情境的激发、情境的推动及强化，有意义的学习在情境中自然而然地发生，学生的思维、情感在不断地深入，个性化的知识体系逐渐被建构。情境教学中情境创设就是立足学生的生活与精神世界，创设与当前学习主题相关且尽可能真实的情境，从而缩短学生与课程之间的心理距离，达到学生主动参与、主动发展的境界，并促成知识意义的自主建构。

二、情境教学的特点和作用

（一）情境教学的特点

1. 形象性

在教学过程中，只有让学生感受真切才能入境；进入了情境便可见可闻。教师常常使用具体的、生动的、形象化的教学媒介设置情境来提高学生学习的积极性，使其产生学习的兴趣，从而强化学习效果。情境缩短了久远事物的时空距离，加强了形象的真实感。这样学生才会被课文中的人物、事件吸引，才能产生细致的情感体验。进而学生由此情此景开始认识更远、更广阔的世界，他们对语言的感受也会变得敏锐起来。

"形象性"是情境教学的第一特点。形象性特点表现在教学过程中，无论是哪一种情境教学，总是凭借一定的手段展现给学生生动、具体的形象以及形象为主体构成的情境，最终达到激发学习积极性的目的。[①] 但是，这并不意味着所有教学情境都必须是生活真实形象的再现。这里的"形象"并不是事物实体的再现，而是以简化的形体和暗示的作用，在教学过程中获得与实体在结构上对应的效果，使学生感到十分真切。

2. 启发性

在情境教学的过程中，当学生遇到了自己暂时不能理解的文本、不能感悟作者意图的作品时，教师应当在恰当的时刻为学生创设情境，指导学生、启发学生在情境中去理解、感悟。因此，教师不仅要对学生已掌握的知识十分熟悉，而且还要关注学生的学习特征、背景知识、生活经验等，提前掌握学生在本次教学活动前的已有经验以及知识准备等情况，创设富有启发性的教学情境，指导学生感悟课文中的意境。情境具有一定的深度与广度，情境教学就是要把学生带入作者创作时所置身的意境之中，从而使创设的情境意境深远。它不是图解式地、机械地运用情境，而是讲究"情趣"和"意象"。情境教学把

---

① 郝爽. 音乐艺术与音乐教学研究 [M]. 北京：现代出版社，2020：120.

教材内容与生活情境相联系，由近及远，由此及彼，由表及里。情境教学使学生获得直接的"印象"，激起学生的情绪。这种"直接的印象"使人的大脑皮层处于兴奋状态，有助于将储存在大脑中的表象重新组合，这就形成了想象。因此，情境教学为学生提供了想象的契机，可以启发学生的想象活动，让学生随着学习课文或观察活动进入广远的意境中。情境教学所提供的广远的意境启发了学生的想象，学生的想象又丰富了情境。由此可见，情境教学不仅启发了学生的创造性思维，而且能够促使学生更深入地理解教材的内涵。

3. 多元性

情境是多元性的，它包括物理情境（如展示实物或者模型）、社会情境、心理情境等。每个学生的生活经历、知识背景、学习方法、思维方式等都不一样，因此，学生需要多元化的情境教学。情境教学要注重情境的多元性特征，教师从不同角度、不同层次、不同方面为学生创设多元性的情境，使每一个学生都能够从中获益，从而满足学生开放性、多元性的发展需求。具体而言，教师要采用多样的情境创设手段，使每一个学生都能参与到这种多元性的情境中。

4. 情知性

情境教学还具有情知性，即理念寓于其中。情境教学将创设的生动形象、抒发的真挚情感以及蕴含的广远意境三者融为一体。其根本目的就是通过情境教学提高学生对事物的认识能力。情境教学一旦失去理念，就会成为内容贫乏、色彩苍白的空架子。情境教学所蕴含的理念是教材所要表达的思想观点，也是课文的中心思想。情境教学的"理寓其中"要求教师从教材中心出发，借助图画、音乐、实物、表演、语言及活动场景来一步步地展现、引导学生琢磨领悟课文中的理念。情境教学"情知性"的特点决定了学生获得的知识、理念是伴随着形象与情感的。这不仅包括感性地对事物现象的认识，也包括理性地对事物本质及其相互关系的认识。

(二) 情境教学的作用

第一，有利于培养学习者的感性认识。情境教学是学习者在与情境中的对象发生交互作用的过程中进行习得的，这里所说的对象既可以是实物对象，也可以是问题对象。学习者在与实物对象的交互过程中会获得真实的、具体的感性认识，丰富对教学内容的理解和认知。学习者在与问题对象的交互过程主要是根据背景条件和知识结构，并通过学习者的思考来获得问题的答案，这会使得学习者产生新的感性认识，有利于促进学习者理性认识的形成和发展。

第二，有利于培养学习者的迁移能力。迁移是一种学习过程对另一种学习过程的影响，学习者只有懂得如何把知识恰当地应用于不同的情境中迁移才会产生。教师在教学过程中要注意教给学习者在不同的情境中的应用规则、学习方法和基本知识，使学习者了解到技能和策略如何从不同的方面给他们的学习带来便捷和高效。情境教学中的情境设定既可以是真实情境，也可以是描述性情境。真实情境是指真实的社会实际生活和原生态的自然地理环境，描述性情境是指学习活动背景是由教师专门创设的，具有较强的针对性。

第三，有利于培养学习者的个性发展。学习者的角色扮演是否丰富对于学习者个性发展的完善与否有很大影响，学习者在教学情境中可以扮演多样化的角色。其主要有两类角色：一类是观察角色，学习者只是以旁观者的身份对情境中的对象进行外部观察，增强感性认识；另一类是参与角色，学习者通过参与具体活动以获得真实的体验，促进认知能力的提高。教师在情境教学中不仅要向学习者提供角色扮演的机会，而且要轮流扮演这两类角色，这样才能推动学习者的个性向完善方向发展。

第四，有利于培养学习者的合作建构。情境教学的一个重要特点就是需要学习者个体之间的密切协作和互相配合，这就给学习者提供了丰富的教学情境和沟通交流的机会。学习者在协作中共同完成了知识意义的构建，每一个人都能获得对知识的独特理解，亲身体验到情境和交流的巨大作用，认识到情境教学的重要性。

三、情境教学法的理论依据和内容

（一）情境教学法的理论依据

情境教学来源于建构主义，建构主义是认知理论的一个分支。建构主义倡导的以学习者为中心的学习是在教师指导和帮助下完成的，其在强调学习者的认知主体作用的同时也重视教师的指导作用。[1] 对于学习而言，认知理论则认为学习过程是由学习者根据其自身的爱好及态度，并结合原有的一些经验，对外界刺激进行主动的信息加工，使得对于接受的知识结构不断提升。在认识理论中，学生学习过程不应该处于被动地接受知识的角色，而应是主动的信息获取的加工者，教师在教学过程中应该营造良好的学习环境，使其积极地融入学习过程中，激发学习兴趣，推动认知活动。以建构主义为基础建立的情境教学理论其核心更加注重以学生为中心，更加强调以学生为主体对于知识的探索、

---

[1] 周鑫燚，王慧. 大学智慧课堂 [M]. 成都：四川教育出版社，2022：69.

发现和理解。以此理论为前提，学生的学习处于真实场景中，学习目标更聚焦于能够真正运用所学知识去解决现实世界中的实际问题。学生所处环境越逼真、其需要解决的问题也越符合实际。学习的主动性和自由性较之传统模式都会得到很大的提高，除了学生本身这个主体外，教师在情境教学中也发挥着重要作用。教师需要引导学生进行互动和交流，通过不断实践提升教学的实际效果。

（二）情境教学法的内容

情境教学法包括教师根据教学目标，为学生创建一个与教学过程和实际任务高度一致的环境，通过环境构建把学生引入到真实的语言环境，使他们能够直观地感受到语言交流互动过程，从而提高学生学习语言的兴趣，提升教学的质量。在具体情境教学过程中，教师应该做的就是明晰教学主题，围绕主题进行教学设计。在讲解相关语言知识内容后，指导学生在创建的语言情境中灵活地运用语言知识。

四、情境教学的一般过程

（一）创设任务情境，巩固学生的知识

在英语教学中，为提高情境教学有效性，应该重视对于教材知识点的进一步延伸；为保障教学内容延伸质量，应该重视创设任务情境。在英语教学实践中，教师要结合教学目标，充分考虑学生现有的认知能力、年龄、兴趣等特点，设计一些带有趣味性、实用性、可行性的任务。如短剧表演、故事接龙等，然后给学生提供必要的思维材料（完成任务可能要使用的道具），设置"动境"，使学生借助已有知识、技能，调动多种感官参与新知的主动探究，主动完成任务。通过有效任务情境创设能够取得较好的教学效果。例如，在进行英语听力训练过程，教师可以给学生看几张图片，要求学生在听到有关英语资料后进行图片排序，由此完成图片排列这个任务。这样的任务情境构建使学生在此情境中学会了听，也理解了词汇的意义，能够实现教学的实效性。通常情况下，在任务情境中，学生会通过自学或合作学习完成教师布置的任务。所以，创设任务情境有利于发挥学生的主体地位，实现教学的目标。

（二）创设对话情境，提高学生的听说能力

英语教学中进行情境创设，其最终的目的是培养学生的英语表达能力、驾驭能力、交际能力等。因此借由对话的形式创建情境不仅可以达到培养学生语言能力的目的，而且还能够活跃课堂气氛，促进师生交流，达到良好的英语教学效果。对话情境创设使用多媒体设备，播放相关的对话视频、动画等。在对话情境之中，学生自行体会词语的运用方法及意义，然后再与其他学生组成小组，完成相关对话，最终达到优化英语教学效果的目的。例如，教师可以播放相关视频，创设两人初次见面的对话场景，两人发生了相应的对话。在此，学生通过观看多媒体视频进入人物对话的情境，之后教师要求学生以小组的形式编一段情境对话，锻炼学生的语言逻辑能力、交际能力等。这样不仅能够获得良好的教学效果，而且还能够激发学生学习兴趣，培养学生的自主学习能力，最终获得良好的教学效果。

(三) 创设练习情境，提升教学的效果

英语教学离不开情境式授课及练习。在教学过程中，教师可以根据课本教材要求设置练习情境，提升教学的效果。具体教学实践中，教师先分析学生在听说读写方面存在的问题，再针对学生的薄弱部分设置练习情境。教师需要注意从英语的文化背景出发创设练习情境，之后教师要求学生完成练习，通常学生可以练习语法、内容表达等。在练习的过程中，教师可以组织学生进行分组练习，提高练习的效率。由此可见，根据学生的具体掌握情况教师创设练习情境，这能使学生学会举一反三，强化其对知识点的掌握与应用，提升学生运用英语的能力。

(四) 创设合作情境，培养学生的综合能力

教师应精心创设多样化的合作学习活动情境，这样不仅为学生提供了学习机会，也培养了学生的合作精神，通过合作情境的进一步构建，学生的学习能力与认知能力都会得到提高。从英语教学实践过程看，在合作情境的构建过程中，教师有目的地选取有效知识点，激发学生学习能力，不断为学生提供合作机会。这种情境构建过程重视交流与沟通，学生在情境中通过自我认识与合作意识的强化，实现了学习英语的目的。对于合作活动情境内容来说，教师要求学生全员参与，并要主动协作，应该重视创新与实践，加强英语的交流沟通。在构建过程中，教师要鼓励学生融入情境并主动发言，从而促使其个性化发展。在合作情境构建过程中，教师要以英语教学内容为主，积极依托英语教学目标，有效培养学生的集体主义精神。通过这种合作情境的进一步完善，学生敢于参与其中，并能够积极融入教学情境之中，提升学习的效率。

第二节　高校英语教学中应用情境教学的价值

一、有助于形成良好的英语教学氛围

语言是一门实用科学，因此，语言与语境之间存在着密不可分的关系。任何语言的表达都需要在特定的场景中才能够发挥出它的作用。而传统的英语教学往往采用的是"灌输式教学"，整堂课都是教师在讲台上讲课，很少与学生进行互动。学生因为没有机会表达出自己的困惑，因而对知识理解不够透彻。这样的学习方式自然是没办法取得好成绩的。而采用情境教学方式，教师就可以为学生营造出一个良好的学习氛围，良好的学习氛围可以帮助学生更好地理解所学知识，加深学生对知识的理解。

采用情境构建这种方法进行英语教学对于课堂氛围的提升也有很大的作用。在传统教学模式中，英语课堂氛围十分严肃，学生和教师之间的互动不多，教师大多数时候都是在讲台上讲解，而学生只是单纯坐在座位上听讲。这种缺乏互动的教学课堂效果自然提不起来。通过情境构建，教师和学生可以在情境之中实现交互，学生之间也可以在情境中交互，这样便可以促进课堂教学氛围不断增强。

二、有助于加强学生对知识的直观了解

在传统的英语教学模式中，学生对知识的理解仅靠教师的口头讲解。很多内容在课堂上似乎听懂，等到实际练习时就会出现各种各样的问题。因此，仅靠教师说显然是很难学好英语的。而采用情境教学模式，教师通过展示实物、影像和模型等工具就可以使学生对所学知识产生更加直观的了解，进而将它与课本中的理论知识相结合，来帮助学生形成更加深刻的理解与记忆。

三、有助于构建良好的师生关系

师生关系贯穿整个教育教学过程，它是教育中基本、重要的人际关系，是在教育活动中作为教育者的教师和作为受教育者的学生之间形成的一种极为复

杂的关系。① 以往的传统式教学模式更多的是教师讲、学生听，教师无法了解到学生的真实学习情况。采用互动式教学模式，一方面有利于教师掌握学生的学习情况，方便做下一步安排。另一方面，学生与教师增加沟通，会提升学生对教师的好感度，进而构建起良好的师生关系。构建起良好的师生关系有助于提高学生的主观能动性。学生主动学习与被动学习产生的效果完全不同。在被动学习时，学生往往感觉到的是压迫，会容易对课堂产生反感情绪。而学生主动学习时，他们会觉得学习是一件有趣的事情，自然就更愿意刻苦钻研。

四、有助于提升教师的执教能力

教师在运用情境教学模式时，能够激发他们的创新意识，有助于他们改善自己的教学方式，提升他们的教学水平。情境教学模式对教师提升教学理念，完善教学思路等执教能力有很大的影响。

五、有助于提高学生的英语学习兴趣

在高校英语教学中，采取情境教学法可以有效提高学生的学习兴趣。在传统的英语教学中，教师基本都是结合演示文稿进行教学，直接在多媒体上向学生展示知识。这就相当于将课本变成了演示文稿，形式发生了改变，但内涵没变，这也很难刺激学生的学习兴趣。而情境构建这种教学方法就打破了传统教学方式的局限，拓宽了英语知识的展现空间，可以让学生对学习更加充满兴趣，学生的学习积极性也不断提高。

第三节 情境教学在高校英语教学中的应用

一、情境教学在高校英语教学中的应用策略

（一）创设各种不同的英语情境

1. 创设问题情境

问题能引起学生的思考，只有不断为学生创设知识问题，才能调动起学生

---

① 张松. 人工智能时代基础教育师生关系研究 [M]. 长春：吉林人民出版社，2022：1.

主动探索答案的积极性,教学活动的过程也是提出问题、分析问题和解决问题的过程。学生拥有丰富的英语词汇基础,教师可以引导学生自己阅读文章,把学习的自主性交给学生。在引导学生阅读文章时,教师要积极地为学生创设问题情境。

例如,教师可针对文章内容提出"文章的主旨是什么?出现了几个主人公?"等问题,让学生在阅读过程中积极地寻找问题、发现问题、解决问题,从而让学生对文章的理解更加深刻。教师在为学生创设问题时,首先要保障创设的问题拥有较强的思辨性,即提出的问题要讲究质量、有价值,这样才能提升学生积极探究的热情。其次,创设的问题要结合学生的实际学习情况,问题难度要适应学生的英语知识掌握水平。最后,问题创设要有层次性,问题创设的目的是引导学生由浅及深地进入英语知识学习的状态,所以需要教师逐步引导,由展示型问题到参阅型问题再到评估型问题。这样可以引导学生逐层对文章进行学习和理解,也锻炼了学生的思维能力。[①]

2. 创设多媒体情境

随着信息技术的发展和进步,多媒体技术已广泛运用于教学活动中。它融合了音频、文本、视频、图片等形式,对教学方式进行了创新,丰富了教学活动中的各种资源,也使教学内容更加形象、直观。教师可以在英语教学中充分利用多媒体技术为学生创设多媒体情境,提升课堂的体验感受,让英语课堂取得更好的效果。

3. 创设对话情境

英语是一种语言,学生在学习英语时,若只是笔试成绩好,英语表达能力、交际能力和写作能力都不强,那么就违背了英语学习的初衷。为了提升学生的英语交际能力和实际运用能力,在英语教学活动中,教师要为学生创设良好的对话情境。这样学生就能在良好的口语训练环境中不断提升自身的英语交际能力。

例如,在教学时,教师可以组织学生通过表演来叙述文本的故事情节,让学生进行角色扮演,通过话剧表演的方式把故事展示出来,以此为学生创设良好的对话环境。另外,在对话情境的创设学习中,教师还可引导学生之间互帮互助,英语交际能力强的学生帮助交际能力较弱的学生,从而实现学生整体英语交际能力的提升。在对话情境创设时,教师要抓住教材这个主线,结合教材内容为学生选取恰当的对话形式,通过两两对话、分组对话等形式让学生更好地利用对话情境,提升对话情境在英语教学活动中的效果。

---

① 马芳菊. 英语教学中的情境教学 [J]. 山西教育(教学),2019(11).

4. 创设实物情境

情境教学中的实物情境教学主要是通过呈现与教学内容相关的图片、物体等实物，让学生在学习的过程中更加直观。从而降低学生英语学习的难度，提升学生学习英语知识的热情，使英语课堂更有效率。

5. 创设生活情境

英语主要是在生活中运用，所以英语知识的学习不能只局限于课本而脱离生活实际。教师为学生创设生活情境能让学生在学习英语知识的同时还能活学活用，促进了英语知识与生活实践的结合，从而提升了学生英语的实际运用能力。创设生活情境还能提升学生对一些社会生活中热点的关注，拓展学生的知识面。

（二）采用情境化的语言操练模式

当前大学的英语课教学还是进行的是机械式灌输式学习，学生还是被动地接收由教师教授的关于书本上的知识点，教学仍然是以理论为主要内容的传统模式。这些都是以教师和书本作为英语的标准，不能激发学生的学习兴趣，教学过程中教师不能主动引导学生进行口语训练，导致口语训练变得流于形式。教师应当在英语教学过程中加入情境化的语言教学，在教授理论知识的基础之上加强学生的口语交际训练。

（三）让学生在情境中自由发挥

语言互动交流必定是在合适的语言环境中进行，这样可以让学生在真实或模拟的场景中有效地进行交流和沟通。因而英语教师需要在课堂上创造更丰富的情境状态，让学生都参与其中，充分地调动他们学习英语的激情。大学英语教学包含了听说读写等多个方面，而大学生英语口语交际能力的培养是提高大学生综合语言学习能力的重要途径。口语交际可以让学生更善于表达，培养学生的英语口语思维，培养学生的口语交际能力。英语教师可以通过设计不同类型的语言游戏来训练口语，让学生更愿意使用口语。另外，教师需要灵活运用面部表情和肢体语言，比如手势、眼神等，来充分创造情境。这种参与式教育比以往刻板的枯燥的教学方式更容易引起学生英语学习的兴趣。

（四）结合教学实际构建情境

在高校英语教学中应用情境构建这种方法，第一要务就是要构建适合教学的情境。在构建情境的过程中，英语教师既要贴合教学内容，又要使情境具备一定的趣味性。此外，还需要对情境素材做好筛选，要选择符合大学生认知水平的素材，既不能太简单，也不能太难。然后将素材和教学内容结合起来，转化为具体的教学情境，之后就可以应用到教学活动中。此外，根据情境引入环节的不同，教师在构建情境时还可以具体从导入类情境、教学类情境、发散类情境等方面分别进行情境构建。

（五）运用互联网，升华情感体验

在英语的学习过程中，使用这门语言所包含的情感融入是升华感情重要的实用性素材。情境教学通过对课堂气氛的渲染，如实景的布置和背景音乐、背景故事的旁白等来辅助教学，现代化互联网技术使教学情境的真实设定成为一种可能。

二、情境教学在高校英语听说课中的具体应用

这里以情境教学应用于高校英语听说课为例展开论述。

（一）情境教学在英语听说课中的重要性

1. 社会发展对英语教学提出的要求

时代发展要求更多综合能力强的人才融入其中，对英语教学的要求不仅是语言知识的掌握，而且要求能够有英语语言的实践运用能力。英语是一门兼具工具性和人文性的学科，因此，教师在进行教学设计时不仅要考虑到学生的英语知识能力，而且要注重学生的英语语言表达与运用能力。英语课程有利于为学生的终身学习奠定基础，教师要让学生在语境中接触、体验和理解真实英语语言，并在理解、体验的基础上学习和运用语言。教师在英语听说课堂上要开发利用有限的资源，尽可能给学生创造真实的语境环境，给学生提供英语表达的机会。培养高素质的人才还要求教师要根据英语听说课程内容为学生创设贴合学生兴趣、贴近学生生活、贴近时代发展的教育情境。

2. 多媒体时代为教学情境应用提供基础

21世纪，信息时代的到来，多媒体的普及给英语听说课堂教学注入了新的活力。大学的教室都装有多媒体设备，教师也都进行了计算机知识的培训，这为教师运用多媒体提供了保障。多媒体优化了课堂教学结构，调动了学生的积极性和主动性，提高了学生的课堂参与度。在英语课堂教学中，教师可以运用多媒体突破时间空间的限制，把生活中的一些情、景、事、物通过多媒体展示给学生。教师根据英语听说课堂的内容可以在网上搜集信息并制作成课件，课堂上通过展示所搜集到的信息及教学资料，创造符合学生学习内容的教学情境。

(二) 英语听说课中教学情境的创设方法

1. 课前——做好教学情境设计准备工作

要创设合适的英语听说课的教学情境就必须在课前做好教学情境设计的准备工作，这要求教师学习关于教学情境的理论知识。首先，教师创设的教学情境要与教学目标相符合。教学目标是课堂教学的出发点和落脚点，是教学情境创设的前提，也是一堂课的核心重点。教师在创设教学情境时要严格按照教学目标，既要考虑到学生的语言知识能力，还要兼顾到学生的情感价值观的培养。其次，教师创设的教学情境要与教材相呼应。教学情境的创设要服务于教学，因此教学情境要与教材内容息息相关，将教材知识融入教学情境中。教师在选择创建教学情境材料时不仅要融合教材，而且要把一些与教材不相关的知识点排除在外，突出所要学习的知识重点。最后，教师创建的教学情境要考虑学生的身心发展水平以及学生之间的差异性。教师在创建教学情境时除了要考虑到情境趣味性之外，还要考虑到所创建的情境是否符合学生的身心发展情况。学生的好奇心比较强，但是自控能力有限，集中注意力的时间也有限，这些都是教师在创设教学情境时应该考虑到的问题。[①]

2. 课中——加强教学情境组织实施工作

教师教学对象是具有个体能动性的学生个体，因此教师在开展英语听说课教学工作时需要注意到的问题较多。首先，教师在创建教学情境时要做好预设工作。课堂教学情境预设是一项非常重要的工作，教师要把握好创建的教学情境与实际生成的教学情境之间的关系。教师在课前会根据教材内容、学生特点等创建教学情境，但是学生在英语听说课堂上的反应以及可能出现的突发情况会对实际生成的教学情境有一定的影响，这需要教师随机应变。其次，教师要与学生构建和谐的师生关系。和谐的师生关系是教师开展教学工作的前提。教师要一改严厉古板的刻板形象，不再采用一贯的压制学生的教学方法。在与学生相处时，教师要重视学生的主体地位，承认师生平等的关系，在课堂上要允许学生犯错，对学生在教学情境中出现的错误要尽可能的宽容。此外，教师要善于运用多媒体来帮助创设实际的教学情境。在实际的教学情境中，教师要采用不同的教学手段，利用不同的教学情境去引起学生的兴趣，激发学生积极表达的欲望并融入课堂。

3. 课后——反思教学情境落实应用不足

教师不仅是教学的实施者，而且也要是教学情境落实的反思者。教师在对

[①] 陈紫薇. 教学情境在大学英语听说课教学中的应用 [J]. 现代英语, 2021 (24).

待自身问题时不仅需要积极总结，也需要不断反思。课后反思对于教师的英语听说课教学工作有极其重要的作用。教师在课后进行反思时可以从以下几个方面出发，如预设的教学情境与实际生成的教学情境之间的差距；课堂实际教学中教学情境的落实还有哪些可以提高改善的地方；所创建的教学情境与学生的实际生活是否贴近、与教材内容是否贴合等。经过对以上等问题进行反思、总结，不仅能丰富教师的英语听说课教学经验，而且能够提高教师的专业水平。此外，教师在英语听说课的课后也要不断学习教学情境相关的理论，并结合自己的课堂经验进行总结分析，多与其他教师进行沟通交流，不断提高教师的英语听说课教学情境的创设能力。

第四章 改革视野下的高校英语多模态教学法研究

多模态教学是一种具有较强综合性的教学方式。本章首先分析了多模态教学的相关基础性知识,接着进一步探讨了高校英语教学中应用多模态教学的意义,论述了高校英语教学中应用多种模态教学的可行性因素,最后详细地研究了多模态教学模式在高校英语教学中的运用等相关的内容。

第一节 多模态教学概述

一、多模态话语和模态资源分类

(一) 多模态话语

多模态话语指运用听觉、视觉、触觉等多种感觉,通过语言、图像、声音动作等多种手段和符号资源进行交际的现象。① 通常来说,现阶段可以依据两个标准来对多模态话语做出区分,即话语涉及的模态种类和涉及符号系统的数量。通常人们认为,只使用一种模态的话语属于"单模态话语",同时使用两种以上包括两种模态的话语才被称为"多模态话语"。例如,收听新闻广播时使用的听觉模态或者阅读小说时使用的视觉模态都为单模态。利用演示文稿进行外语教学,涉及视觉和听觉两种模态。但是需要指出的是,如果某话语只涉及了一种模态,但是使用了多个符号系统,还应该被认为是多模态的话语。

多模态话语分析理论主要分析交际符号的不同模态、各种模态之间的相互关系、它们所体现的整体意义及其特征和功能。因此,该理论聚焦于社会情境

---

① 张德禄. 系统功能语言学与外语教育研究 [M]. 上海:上海外语教育出版社,2020:371.

中各种模态资源的设计、制作和分配以及各种模态在社会实践的进程中重新进行组合的过程。

模态是多模态话语分析理论中的核心术语，是交流的渠道和媒介，主要包括语言、声音、图像、音乐、颜色、材质、字体空间、距离等多种符号系统。从本质上而言，多模态话语是五种感知通道在交际过程中综合作用的结果。这五种感知通道包括听觉通道、视觉通道、触觉通道、嗅觉通道和味觉通道。因此，多模态话语分析理论突破了语言学传统研究的范畴，扩展到社会学、人类学、符号学哲学政治学等多个学科。其研究的对象也不再局限于单纯的语言层面，而是扩展到图片、影像、服装、音乐、建筑风格和网页设计等多种社会符号系统。总而言之，模态和媒体的关系其实就是话语和技术的关系，二者有所不同，又存在着内在的联系。

（二）模态资源分类

1. 语言与非语言模态

研究者对外语教学中的模态系统作了细致的划分，即语言和非语言模态。语言模态包括伴语言和纯语言，伴语言主要包括音响、音调、字体和布局，而纯语言又分为声音和文字。能够表达意义的非语言模态主要包括人们的身体动作和使用的工具、环境等其他非语言手段。

2. 静态与动态模态

从身体动力学的角度将模态分为静态模态和动态模态。静态模态主要包括文字、图片、表格、绘画等；而动态模态则主要包括面对面的互动、动画、电影等。

二、多模态教学的相关概念

（一）模式和模态

1. 模式

模式是指有组织、有规律的表达和交流方式，不仅包括静止的图像、手势、姿势、言语、音乐、书写等基本形式，也包括由上述基本形式构成的新的形式。根据社会符号学，模式不仅指表达和交流信息的方式，也指传递信息的符号渠道。在系统功能语言学研究中，模式也用来指话语模式，即口头、书面、电子、身体动作等交流渠道，任何一种话语模式都是通过某一种媒体表现或者通过几种媒体协同表现的，采用不同媒体可以产生不同的交流模式，模式的使用和变化在一定程度上影响信息的流动和话语特征。以教师"讲课"为例，教师可能一边播放PPT讲义课件，一边口头讲解，一边在黑板上补充板书，甚至配以动作示范，实际上同时使用了言语、手势、姿势、动作、板书、电子等多种交际模式。可见，模式的概念侧重于信息生产的过程和方式，是具有意义潜势的符号资源。

2. 模态

模态是事物通过一定模式、方式或形式所表现的属性或情形。不同学科对模态的划分标准不同，模态作为信息接收者所感知的话语模式，既是媒体表达信息的结果，也是人们通过感官感知的交际结果。在系统功能语言学和社会符号学中，人们通过一系列具有意义潜势的符号进行交流，主要有语言（文字）、言语（声音）、副语言、图像、肢体动作、音乐等模态。认知科学则从人类的感知通道出发把模态分为视觉、听觉、嗅觉、味觉、触觉等模态。模态的概念应该兼顾上述两种标准，分为宏观、微观两个层次：宏观上，以感知通道为标准，模态指的是信息受体通过感官对交流模式的感知形态；微观上，模态则是具有意义潜势的符号资源，是媒体通过交流模式表达信息的结果。在多模态话语研究中，人们可以先从宏观入手，然后再细化为微观的符号系统。例如，课堂上学生的阅读行为，从感知通道角度分析，这是一种视觉模态，但从符号资源角度分析，它还可以细化为具有意义潜势的图、文两种模态。

（二）多模态和多模态教学模式

1. 多模态

多模态指的是通过整合、编排或编织多种不同模式的符号资源而形成一个语篇。从人类感知通道的角度，多模态就是同时使用两种或两种以上的模态。人类生活在多模态的世界里，人们通常都是运用多模态来感知和交流的。例如，学生在课堂上学习，一边听教师讲（教师的"言语"模式所对应的是学生的"听觉"模式），一边看教师的动作演示和在黑板上的板书（教师的"手势、姿势"和"书写"等模式所对应的是学生的"视觉"模式）。值得注意的是，有些模态按照感知模态的划分标准只是一个单模态，但却涉及两种或两种以上符号系统。也就是说，按照符号系统多少的划分标准，这些模态也是多模态的。[①]

[①] 姚娟，徐丽华，娄良珍. 高校英语阅读与翻译教学多维研究［M］. 天津：天津科学技术出版社，2021：112.

2. 多模态教学模式

多模态教学是一种创新性的教学方法，以建构主义理论为支撑，利用现代多媒体、立体化教学资源，最大限度地调动学生的积极性。它运用听觉、视觉、触觉等多种感官，通过语言、图像、声音、动作等多种手段和符号资源进行交际。伴随着计算机网络技术的飞速发展，丰富的电子素材资源使得商务贸易呈现出多媒体、多模态特点，传统的纸质信函逐渐被电子邮件、微信等各种电子交流方式所取代，各种图片、图像、音频、视频及文字一体的符号资源实时传递成为当下的必然趋势。①

第二节 高校英语教学中应用多模态教学的意义

在网络化、信息化时代下，教师应当积极引入各类信息资源，助力多模态教学创新实践，切实提高高校英语教育教学质量，最终达到预期的教学目标。

一、有利于高效培养学生的沟通交流能力

在开展高校英语教学的过程中，教师应该将教学的重点放在学生综合语言能力的提升上，促使学生全面进步。多模态教学模式作为一种全面刺激学生感官的教学方式，能够改变以往"黑板+粉笔"的灌输式教学方法，让教师将教学重点放在学生英语实践能力培养上。同时，在多模态教学模式中，教师通过对多媒体等信息化设备的利用，能够突破以往知识展示的局限，借助视频、图片、音频等方式给予学生更加全面的感官刺激，为学生创设一个良好的英语学习环境，鼓励学生大胆地利用英语进行沟通，从而推动学生语言沟通能力的提升。

二、有效激发学生的英语学习兴趣

在传统的高校英语教学模式中，学生在实际的学习过程中一直处于被动地位，难以真正地根据个人学习情况与兴趣学习知识。同时，课堂节奏单一，缺乏多样化互动方式，导致学生在课堂学习中难以找到认同感。在此类教学模式

---

① 孙洋子，张海贝，杜凌俊.高校商务英语写作教学与实践创新研究[M].长春：吉林大学出版社，2022：116.

下，学生通常会觉得英语学习枯燥乏味，从而丧失学习英语的积极主动性。而在多模态教学模式中，教师能够综合应用信息技术，改变以往以教师为主的课堂环境，为学生营造一个更加轻松、活泼的学习氛围。同时，多模态教学模式的利用能够给予学生更加全面的感官刺激，使其感受到英语学习的乐趣，从而激发学生的学习兴趣，发挥其在英语学习过程中的积极作用，实现高校英语教学效率的提升。

三、有利于促进师生之间良性互动

在传统的高校英语教学模式下，教师作为课堂的主导者往往过于关注知识教学，而忽略了与学生的良性互动。学生在学习过程中完全处于被动地位，缺少与教师的积极沟通。同时，教师缺乏与学生交流的意识，过于重视个人权威，导致良性互动缺失。利用多模态英语教学模式，教师可以更好地调控课堂节奏，并借助角色扮演等丰富的课堂活动形式来突出学生的主体地位，引导学生更加积极、主动地与教师沟通，从而拉近师生之间的距离，实现师生良性互动。[①]

四、有利于提高英语教学的质量

多模态教学模式要求教师着重对学生潜能的全面开发，同时能够适应信息技术所带来的冲击，避免传统教学模式的弊端，让学生在课堂上能够集中精力，避免开小差。全新的教学模式的应用能够调动教师的积极性，营造良好的课堂教学环境，从而提高教学的质量。多模态教学模式在英语课堂中的应用能够让学生参与到课堂英语活动中，产生浓厚的学习兴趣，感受到大学英语课堂的趣味性，只有这样才能提高整个英语课堂的教学质量。

五、有利于培养专业的英语人才

随着我国经济的快速发展，跨国公司以及一些对外业务也逐渐增多，对于英语人才的需求更加多元化，只有培养更专业的英语人才，才能满足社会发展的需求。大学英语教学的主要目的是为社会培养更多的复合型英语人才。在大学英语教学中，学生需要通过大量的练习提升自身的英语水平。在反复练习中，学生会逐渐发现自身的不足，教师应该鼓励学生从不同角度看待问题、发现问题、思考问题，培养学生的学习能动性，从而提高英语教学质量。多模态

---

① 陈慧芬. 多模态教学模式应用于高职英语教学的研究 [J]. 科学咨询，2021（23）.

教学模式的教学理念是促进学生的全面发展，在加强学生日常交流的同时让学生在实践中发现问题，不断完善学生自身。另外，教师要加强对资源的整合利用，不断发现教学中的问题，及时改正，完善教学内容。在课堂上，教师可以选择一些有针对性的话题让学生进行讨论，这样不仅能够培养学生的实践能力，还能激发学生对英语学习的兴趣，从而提高教学的质量，为社会的发展培养复合型的人才。

第三节　高校英语教学中应用多种模态教学的可行性因素分析

一、教学设备因素

在多模态的学习中，最主要的是要具备一定的教学设施来展示教科书的内容，如高级的多媒体设备、电脑、投影仪等。有了优良的教学设施以及较好的教育资源，才能让多模式英语教学实践落实。在当前的信息化时代背景下，英语教学中应用多模态教学，还可以依托互联网和信息技术，搭载一系列新媒体设备进行教学。此外，教师还可以依托互联网和信息技术构建在线教学模式，通过这种方法能够使各种基于信息化的教学设备发挥出最大的应用价值，更好地服务多模态教学，也为多模态教学增添了新的生机与活力。

二、较强的师资力量因素

多模式的教学需要高水平的教师的综合素质和能力，高校英语的多模式教育需要教师掌握和运用多种多媒体技术，还要具备充分了解和适应的教学内容，可以充分运用网上的资源来扩展和修改教材的教学内容。同时也要把多模式的学习方法和教科书的内容有机地联系起来，掌握多模式的每一步。信息化时代背景下的高校英语多模态教学中，教师的信息素养也得到了进一步的提升，在教学中具备良好信息素养的教师能够利用互联网拓展多样化的教学资源满足教学需要的同时，也更加适应学生的身心发展规律，这样能够进一步提高高校英语教学的效率。与此同时，教师将英语与学生的专业相联系，在教学中增强学生对英语的应用能力，与此同时也能以英语促进学生职业素养的发展，从而提高学生的职业能力与素养，使学生能够更好地适应职业岗位的发展需要。

三、把握学生心理需求因素

多元模式的教学思想是以人为本思想，所以，高校英语在进行多模式的基础上要掌握学生的学习心理特征。不能正确地把握学生的个性与心理需要，多模态教学会变成"填鸭式"教学，其教育成效也将大减。对于高校阶段的学生来说，高校阶段的学生在英语基础知识、英语学习能力、英语学习习惯以及英语学习方法等多个方面均存在一系列问题。而教师运用多模态教学方法能够把握学生的心理需求和学生的知识需求，在教学中充分尊重学生的主体地位，结合学生的实际需求，融入相应的教学内容，并且灵活地运用多模态教学方法进行有效的教学实施，从而进一步提高高校英语教学的质量。

此外，在多模态教学模式中，教师还应当遵循相应的教学原则。首先，教师在教学中要尊重学生的主体性，结合学生的实际特点展开教学。其次，教师也要在多模态教学模式下关注教学的有效性，从教学内容到教学等多方面的优化，增强英语教学的吸引力，体现多模态教学的应用价值。这样才能够更好地提高英语教学的质量，使学生在这样的英语课堂上能够全方位地提高自己的能力，促进学生英语综合素养的形成。①

第四节　多模态教学模式在高校英语教学中的运用

一、教学层面的运用

（一）转变英语教学的理念

在高校英语教学中应用多模态教学模式，教师应当转变教学理念，明确几个问题：（1）"Why"为什么教（学），以此明确、清晰高校英语教学目的；（2）"What"教（学）什么，全面把握英语教学教授内容；（3）"How"怎么来教（学），目的是制定英语教学方法。通过梳理这问题和内容，高校英语教师可以更好地明确英语教学目标，确定教授方式方法，明确将学生培养成具备较高英语素养的人。所以，高校英语教师应该在多模态教学模式的应用过程

---

① 姜文杰. 多模态教学模式在中职英语教学中的运用［J］. 读与写，2022（13）.

中，依照英语特点和教学规律，不断提高自身感悟能力，并拓展其他领域专业知识，多方面学习、借鉴教学理论成果，强化教学能力，提高教学质量。

（二）营造和谐的英语教学氛围

为充分发挥多模态教学模式价值，高校英语教师应当在教学活动中注重突出学生主体地位，并与学生建立良好的师生关系，形成良好的沟通与交流。为调动学生多种感官创造良好的教学环境，确保学生可以在英语学习活动中积极主动参与，进而营造出轻松、和谐教学氛围。这对促进学生英语综合学习能力提升具有重要作用。高校英语教师需要结合英语教学需求，灵活调整课程内容，其主要目的就是构建良好师生互动教学活动，在与学生一同参加讨论活动时和学生建立平等关系，使得学生愿意和教师沟通，从而给予学生更多自信，进而更好地增强英语教学效果，提高教学的有效性。学生在师生互动过程中，无论听力能力还是口语表达能力，都有所提高，这在很大程度上增强了学生的英语综合素质。

根据英语教学内容的实际需要，利用模态的多样性和数字信息技术建设围绕教学目标的多模态场景。从而形成一种特定的语言教学学习环境，学生在这种多模态的环境中将英语知识与实际应用有效结合，培养学生的知识实践运用能力。学生在多模态的学习环境中为实现与实际运用的结合，会激发自身的发散思维能力，对事物的分析判断能力等综合素质，对培养全面型综合素质人才起到了间接的教育作用。身临其境的实际感受能够让学生最大化地自主开发潜能，自主创新，用于自我表达。多模态教学模式的本质就是全方位利用多种资源，结合学生的兴趣特点和教学内容，有针对性地为学生搭建仿真教学环境，最大化地利用学生的自主性来完成教学任务。

（三）丰富英语教学的内容

高校英语教学应用多模态教学模式，教师必须注重教学内容的丰富，只有丰富多样的教学材料才能吸引学生注意力，激发学生学习兴趣，促使其自主参与到课堂教学中，提高学习效果。为此，在多模态教学实践中，高校英语教师应当积极创新教学方法，合理选择教学材料，保证学生带着兴趣积极参与到听力训练、阅读训练等活动中，使得学生的听觉、视觉等多种感官得到激活，进而逐步增强学生理解能力、学习能力，帮助学生提高综合素质。

（四）设计多样化的英语教学活动

为保证高校英语教学高质量开展，英语教师必须深入研究新型教学模式特点，然后结合实际科学合理设计、实施、创新。所以高校英语教师应当充分了解多模态教学实施要求，深入了解并利用多模态教学优势，积极凸显学生主体教学地位，促使学生认识到自身的课堂主人翁地位。在此基础上，再从学生听觉、视觉两种模态出发，采用合理的教学方法提高学生学习主动意识，逐步提高学生英语综合能力。例如，高校英语教师引入小组讨论、模拟角色对话等多种活动，给予学生足够空间和机会，引导并鼓励学生大胆表达，改变"哑巴"英语局面，不断提高学生的口语能力。例如，教师可以选择某一英语知识点，让学生以小组讨论的方式翻译句子，在此过程中可以进行分层教学。换句话说，就是按照学生不同能力提出不同教学要求，如可以对能力一般学生提出要求，让其翻译词语基本含义；而对于能力较好学生，可以让其深入挖掘翻译背后英语文化差异，以此来进一步延伸英语知识点。另外，教师可以利用课后时间为学生布置学习任务，通过自主查阅相关资料进一步了解更多中西方饮食上的差异。[1]

（五）积极创新英语教学的方法

有效教学方法能够激发学生英语学习兴趣，尤其是高校大学生，其本身接触较多新生事物，视野较为开阔。若是英语教师还在沿用老旧教学方法，很难激发学生学习兴趣，容易降低对英语语言文化了解欲望，这不利于提高学习积极性。所以，高校英语教师必须结合具体的英语教学内容，科学合理设计不同教学方法，切实提高教学成效，增强教学效果。例如，在具体教学中，高校英语教师可以采用"任务驱动"教学法，将学生划分成不同学习小组，在了解英语阅读基本内容后，让学生根据自己的理解自主搜集资料，并进行分析、总结，最终以演示文稿的形式展现小组学习成果。学生组内合作、讨论、交流过程中，思维得到充分碰撞，同时也增强了英语交流能力。除此之外，高校英语教师还可以在教学实践中积极利用现代化教学手段。例如，运用Google等翻译软件或者直接开通班级微信公众号、微信群等方式，或者借助微课、慕课等新型教学手段和方式拓展教学形式，创新教学模式，充分调动学生英语学习兴趣。在多元化教学方法作用下，培养学生良好的英语思维，这对提高学生英语知识的综合运用能力具有重要作用。

---

[1] 李璐. 高校英语教育教学实践中的多模态教学模式创新实践 [J]. 科教导刊（电子版），2023 (9).

（六）有效拓展英语教学的资源

多模态教学开展要求具备丰富教学资源，为此，高校英语教师可以根据英语知识中的词汇、语法知识等内容，合理运用现代化教学技术，积极引入多种在线教学资源，并科学合理扩充标准课件内容，确保丰富学生学习内容。常见的教学资源主要涉及文本、视频、音频等，而细化这类资源，其中又包含了较多类型，如文本资源中既有英语新闻，也有英语文学；而音频资源中包含了英文歌曲、英文广播等形式；视频资源主要就是电视节目、电影以及电视剧作品等。在实际教学中，教师可以根据实际情况合理把握各种资源间关系，提高教学资源利用率，增强教学效果，保证教学资源可以吸引学生注意力，强化学习效果。除此之外，高校英语教师也要积极引导学生利用自己课余时间多学习世界各国文化，鼓励学生多看一些中国文化英语电视节目，阅读英文报纸和杂志等，提升学生的英语综合技能。

（七）注重英语教学的评价

高校英语教学实施多模态教学模式后，不仅教学方式、教学环境等方面需要合理调整，在教学评价模式方面也必须合理调节。教师可以在以往试卷考核基础上增加日常交流、学习态度、任务参与度和完成度等内容，使得考核范围扩大。在多种考核形式作用下，学生也对考核产生了较大兴趣，一定程度上缓解了学习压力，这对学生日后学习将产生很大的促进作用。

二、教学和学生层面的运用

（一）充分尊重学生的主体地位

进行情境创设过程中教师需尽可能以各种方式为学生提供与英语学习内容相关的文字、图片、视频或是教材文章中的相关器物，以使学生尽可能投入关键知识相关氛围中，吸引学生兴趣和关注，达到培养学生创新、思考、交际能力的目的。在教学过程中，英语教师应当注重中英文间的相互渗透，而不应一味强调英文授课。英语教育的目的在于立足中国放眼国际，英语是学生获得更大就业范围的必要路径，但学生本专业的专业知识及对汉语语言的深刻理解才是学生以后于社会上立身的基本。这要求教师明确英语的工具属性，并与学生共同借助英语工具，在各类汉字信息要素有充分理解的前提下，探寻以英文信息为载体的更广阔社会、经济、人文、科技、专业相关知识内容。

对语言知识的掌握程度与对相关问题的解决程度密切相关,高校外语语言教学过程中,提问内容、形式及方法均对教学效率构成着明显影响。传统教学中,教师是提问过程中的绝对主体。大多数情况下这样的提问内容由于服务于教师的既定教学流程,师生间难以形成默契配合,会使教师为推动教学进程接受提问流于形式的结果。多模态教学则应以学生为绝对主体,提问内容应基于学生在模态教学中的见闻感,服务于学生对感知内容进行总结归纳,以使学生更进一步参与模态教学中。将提问主体由教师向学生转移,这是多模态教学中教师形成高效学习效率的关键点。视频形式的信息传递方式可对记忆过程中的五分钟超短期记忆及三十分钟短期记忆形成更深刻印象,应用多模态教学在向学生输入音频、视频信息的同时配以英文文字,可让学生形成更充分立体的信息模块,显著提升教学效果。进行教学模态选择时应当遵循适配性、有效性两大基本原则,适配性原则是指学生接触到的信息应服务于一个信息主旨,也即图文匹配、音视相符、字音相应,以使向学生传递的信息主旨唯一且突出,便于学生掌握相关核心内容。有效性原则是指模态的选择需要服务于教学效率的提升,对于无效模块甚至会产生负面影响、分散学生精力的部分应当予以取消。例如,应用多模态教学模式对学生写作能力进行培养时,需经历学生聆听教师讲解、观察课程演示内容、根据课程演示、教师讲解及自身理解做课程笔记、相互交流心得体会、进行写作实践内化写作能力等过程,其中蕴含多种模态间的相互转化。教师应引领学生在各个模态转化过程中捕捉有效信息、摒弃无效信息,发挥多模态教学的信息增量效应、规避与多模态并生的信息冗余问题。[①]

多模态教学中展开教学活动时教师需对学生的主体地位给予足够尊重。当下情形的高校英语教学不单要求学生掌握基本英语要素,更对学生的英文应用能力提出了足够要求。一般水平的英文素养在当下智能翻译软件大规模普及情况下对学生工作前景的助力已较为有限,以学生为主体、培养学生英语自主应用能力的重要性更为凸显。这要求教师在进行师生互动、作业布置时均需以学生为主体,使学生能逐步建立起英语能力发展的基本路径。

(二)利用多模态的互动性拓宽学生思维模式

当今教学理念越来越生动化地表现教学内容,来丰富知识的理解方式。在高等院校英语教学内容的丰富性、多元性方面已经有了有一定的进步。多模态教学模式能够最大化地扩大英语教学内容,将教学课本中的图文变成教学课堂

---

① 马旭光.多模态教学模式在高校英语教学中的运用探析[J].华章,2023(1).

中的实际情景，最大化地实现了教学内容与学生理解之间的互动性。

从教学本质上讲，多模态教学模式将教育内容的弊端掩饰起来，将教育内容中的重点知识模拟成为与学生切实结合的学习情境。学生不需要太多的意志力就可以进行有效学习，从而以放松的心态打开思维方式，积极自主地去融入由重点知识构造的学习情境中。

（三）发挥教师在教学活动中的主导作用

多模态模式教学在教学活动当中应发挥教师的主导作用，最大化利用教学资源搭建多种形态的模拟情境。教师是教学内容与教学对象之间的媒介，在多模态教学模式引入英语教学活动后，教师变成了教学内容和教学模拟情境与学生之间的桥梁，在本质上讲是增加了教师的教学覆盖范围，变成了三方一体的链接互动形式。在这种三方一体的教学情况下，教师起到了协调整体运行的主导作用。在教学活动的实践过程中不但实现了既定的教学目标，而且在完成教学目标的过程中教师与学生之间产生了大量的良性互动。多模态教学模式在英语教学活动中的运用更多的是挖掘学生的自我综合素质。在教师为教学活动主导，学生在教学活动中参与下，英语教学内容实现了最大化的传输。

三、平台层面的运用

（一）结合生活事实场景为学生带来多元模态体验

进行英语语言学习时，学生往往需对多个感知进行调动才能取得有效的学习效果，多模态教学恰恰满足了这一点。以情境教学方式调动学生的主观能动性，使其更为积极主动地投入语言学习氛围中。为更好落实这一点，教师应当注重对学生兴趣的激发，当下许多学生都能意识到掌握必要的外语技能对其以后的职业生涯具有积极意义，可以说，熟练的外语技能是学生核心专业技能的有效补充，是学生面对职业选择时的竞争力之一。多模态教学通过自身优势向学生展示英语内容的多个维度，通过丰富学生的英语学习体验使其在学习过程中不枯燥，逐步构建起英语了解、学习、理解、应用的学习体系良性循环。例如，在对教学中的难点进行讲解时，教师可以结合生活实例，通过互联网渠道提供的视频、图片、流行语、典型事例，帮助学生理解相关概念，使语言学习更富真实感和吸引力。从某一角度而言，多模态教学与情境式教学的区别并不明显，通过将教学内容在具体生活场景中予以重现，赋予学生将生活常识代入语言学习内容的渠道，可让学生在学习英语知识的同时对背后的文化现象及各类知识内容进行思考，促进学生对语言知识的掌握及运用。

（二）促进各模态协调并构建多模态语言学习平台

尽管多模态教学能够对学生的学习兴趣进行有效激发，但实践过程中，教师还应对以下几点予以注重。首先，各模态间的协调问题，多模态教学顾名思义即有两种或两种以上教学模态对学生学习效率施加影响。这要求教师对各模态关系进行协调，使主次明晰、侧重点分明，以使模态综合效率达到最大值。在听力训练中如只是对学生听力模态进行调动而忽视了总结记忆过程，便会使学生的听觉提升沦为空谈。只有培养学生综合运用听觉、视觉、感知、思考能力进行分析归纳认知，才能获取有用信息，提升听力训练效率。其次，多模态教学与多媒体教学也并非同一概念，有些教师过度使用多媒体参与教学过程，不论是什么课程类型、是否需运用大量多媒体内容作为教学载体，均以多媒体为主要渠道展开教学活动。部分教师则将图片、视频、漫画整合为一个教学课件而不考虑学生的接受情况及师生间在实时互动中的知识演进脉络，未能发挥多媒体教学调动学生情绪、创设教学场景的基本作用，使师生互动过程缺失、学生思考空间缺失，使多模态教学沦为空有其表的境地。教学过程中还存在部分教师过度注重教学模态表现形式问题，部分教师教学过程中过于注重课堂氛围烘托和课件多元化展示，但如若在课程分布上删减失当、精要不明，也容易出现学生学习笑之后无所得或难以掌握知识架构的情况。

第五章　改革视野下的高校英语互动式教学法研究

随着高校英语课程改革的深入，高校英语教学也面临着新的机遇与挑战。传统的英语教学方法已经不再适应当前教学改革的要求。于是，高校英语教师开始采用互动式教学法。互动式教学法作为有别于传统教学法的新方式，以互动为基础，能够激发学生参与课堂的积极性与自主性，在不断深化的探究学习中培养学生自主学习、独立思考的能力，最终高效地完成教学任务与目标，本章对高校英语教学中的互动式教学法进行了深入研究。

第一节　互动式教学概述

"教学"是教师把知识、技能、传授给学生的过程。可见教学既有教师的"教"也有学生的"学"，二者缺一不可。因此，教学实质是师生、生生间的多边互动。再者，"互"的汉字结构好比两个手握在一起，"互"在汉字字义里也包含着双方的意义。也就是说，互动至少有两方，单方不构成互动。因此"互动"二字更加强调教学过程是一个动态发展着的教师的"教"与学生的"学"和谐统一的活动过程。互动式教学就是在所创设的一定情境下，师生之间通过平等、尊重、和谐地对话、沟通，各种观点相互碰撞，进而激发师生双方的主动学习和探索的内驱力，从而提高教学效果的过程。

一、互动式教学的理论依据

（一）国外相关理论依据

1. 建构主义理论

建构主义理论是瑞士著名心理学家皮亚杰（Jean Piaget）是在长期从事儿

童智力发展研究中所提出的认知发展理论。其中,"图式"(Scheme)是该理论体系的核心概念,它的形成和变化是认知发展的实质。20世纪80年代后期,建构主义理论风靡于欧美,之后,该理论以其独特的教学理念、重要的理论与实践价值迅速波及各个学科领域,尤其对教育学科领域产生了强大的冲击力,成为现代教育界的热门话题。20世纪90年代,世界各国的教育改革方案中都把培养学生的创新精神和创新能力作为教学工作的关键。学习不仅仅是知识由外到内的转移和传递,还是学习者主动地建构自己的知识经验的过程。其主要观点包括:

(1) 新知识观

课本知识只是一种关于各种现象的较为可靠的假设,而不是解释现实的"模板"。课堂上,教师不能用专家、教授、课本的权威来压服学生,也不能以知识的正确性、真理性的强调作为让学生无条件接受的理由,而应通过学生自己对知识的建构来达到对知识的"接受"目的,以学生的社会阅历、生活经验、内心信念为背景来合理分析所学知识。

(2) 新教学观

其核心思想是让学生通过问题解决来开展学习,主张教师与学生、学生与学生之间进行丰富而多向的交流、讨论或合作来解决问题,认为合作学习、交互教学有利于学生的能力构建。

(3) 新学生观

学生在以往的学习和生活中,已经具有了一定的经验,作为教师,在教学中应把学生现有的知识经验作为新知识的生长点,重视学生对各种问题现象的不同解释,倾听学生的多样看法,洞察学生各种想法的由来,并以此为根据,引导学生丰富或调整自己的理解。

2. 人本主义学习理论

人本主义学习理论强调学生自主学习、协作学习,自主建构知识意义。其主要观点包括:(1)学习是一个主动的过程和愉快的事情,每个人都具有自发学习的天然倾向。(2)主动、自发、全身心投入的学习才会产生良好的效果。老师在安排学生学习时,只需要提供学习活动的范围和各种学习资源,由学生自己确定学习目标,探索发现结果,这有利于启发学生心智,提升其学习能力,培养其学习兴趣,达到知、情、意并重的教育目的。(3)意义学习或经验的学习是最重要的学习。(4)学生自评学习结果,有利于他们养成独立思维能力和创造力。(5)在较少威胁的教育情境下才能有效学习。(6)重视生活能力的学习,以应对变动的社会。

3. 有效教学理论

该理论源于20世纪上半叶西方的教学科学化运动。有效教学，是指教师在达成教学目标和满足学生发展需要方面都获得成功或表现俱佳的教学行为。这一概念可以理解为：一是促进学生的学习和发展是有效教学的根本目的，也是衡量教学有效性的唯一标准；二是激发和调动学生学习的主动性、积极性和自觉性是有效教学的出发点和基础；三是提供和创设适宜的教学条件，促进学生形成有效学习是有效教学的实质和核心。显而易见，有效教学理论的核心是教学的效益。它关注的是学生的发展或进步，重视教学效果，要求教师在课堂上应正确处理好教学质量、教学的适应性、教学诱因、教学时间与效益的观念。有效教学同时需要教师具备一种反思的意识，要求每一个教师不断反思自己的日常教学行为。有效教学也是一种很好的教学策略，要求教师掌握有关的策略性知识，能根据具体教学情景灵活做出对策。

（二）国内相关理论依据

1. 孔孟的教育思想

孔子曾说，"知之者不如好之者，好之者不如乐之者"，这是互动教学的精髓所在。在《论语》中，包含了许多孔子深刻的教育教学理论和丰富的教学经验总结。

一是启发诱导。孔子认为掌握知识应是一个主动探索领会的过程，因此，让学生主动思考、回答问题是孔子在教学实践中特别重视的一个方面。

二是因材施教。孔子平常注重观察学生、全面了解学生，对学生的个性、特长、优缺点了如指掌。因此，他在教学过程中，能够从学生的具体实际出发进行引导与教育。

三是学思并重。学与思是学习过程中的两个基本环节，孔子对二者都很重视。他认为，"学而不思则罔，思而不学则殆。"因此，一方面，孔子强调"学"的重要性，反对思而不学；另一方面，又强调"思"的重要性，反对学而不思。

孟子则从"尽心、知性、知天"思想出发，认为知识的学习，并非从外而来，必须经过自己主动自觉的努力钻研，才能实现对知识的彻底领悟；同时还认为，深造自得必须注意由博返约。即让学生通过广博学习，详细解说，对知识融会贯通之后，再回到简略地述说大义的地步，这是一种重要的思维方法、学习方法和教学方法。

2. 陶行知的教育思想

大力倡导创造性的教育是陶行知教育思想的特色，致力于开发学生的创造力是陶行知教育理论的起点和归宿。其教育思想的主要观点如下：一是解放空间，让思维自由延伸。强调教师在课堂教学中除了充分调动学生参与课堂问题外，还要给学生留足够思考的时间。二是质疑问难，让思维求异发散。

二、互动式教学实施的原则

（一）普遍性原则

创新精神和实践能力的培养要面向全体学生，体现其普遍性原则。创新潜能不是少数尖子生独具的。每个学生都具有创新的潜能，关键在于教育的开发。因此，教师应善于发掘蕴藏在学生身上的创造潜能，并将期待的目光投向每个学生。

（二）差异性原则

创新精神和实践能力的培养必须充分考虑到个体间发展的差异，应针对不同层次学生的具体情况，制定不同的学习目标、学习内容和方法。学生的创新与成人的创新活动是有区别的，其创造的价值更多地表现在学习过程中，教师应主要促使他们通过自主探究去获得成功的体验。因此，教师在组织学生开展创新实践活动时，一定要从他们思维的实际发展水平、知识基础和生活经验出发，目标不要过高，内容不要太难，不可将"苛求"当成"严格要求"。

（三）活动性原则

教师要注重通过开展各种活动，如动手操作、实践探索、调查研究等来培养学生的创新精神和实践能力。在学习过程中，基础知识和间接经验的学习是十分必要的，但问题探究的过程远比直接获得结论更重要。"在黑暗中摸索"要比"等待火炬引路"更有益；奋发进取要比坐享其成更可贵。

（四）激励性原则

在创新精神和实践能力的培养过程中，教师应注重运用激励性评价的策略激发学生的兴趣、好奇心、求知欲和想象力，并要全力支持他们质疑问难，绝不能置之不理，横加干涉，甚至一味地指责。要使激励性评价真正成为"培养创造精神的力量"。

第二节 高校英语互动式教学模式的影响因素分析

一、传统教学模式的影响

推行教学改革以来，"互动式"教学模式备受推崇。但是在应试教育的大背景下，很多高校英语互动式教学依旧还是停留在表面上，主要的课程形式比较传统。学生的基础知识水平有限且参差不齐，传统的英语教学模式不仅不能让学生真正感受学习英语的价值，还容易让学生产生畏难情绪，消极对待英语学习。长此以往，学生的英语自主学习能力会越来越差，英语课堂收效甚微。

二、教师教学理念的影响

教师是英语教学的引导者和促进者。英语教师认识和理解互动式英语教学的程度会直接影响实际的英语课堂应用互动式教学模式的程度和深度。教师认识互动式英语教学模式不到位，自然无法将互动式教学更好地融入英语课堂。即使教师有所尝试，也只是停留在表面上，甚至还会认为互动式教学模式只会增加自身的教学负担。教师理念传输不到位或者理念有偏差，会通过具体的课堂直接传输给学生，那么学生自然也没有更多机会接触互动式教学，更谈不上深刻理解互动式英语教学。

在应试教育的背景下，教师将更多的"目光"放在学生的学习成绩上，更注重学生的学习效果，反而忽略了关注学生的学习过程和方法。这在某种程度上并不符合素质教育理念，也违背了教育改革的初心。

三、学生学习方法的影响

从某种程度上来说，部分学生并没有从传统的教育模式中转变过来，依旧认为互动式英语课堂教学模式会占用和消耗自身的学习时间，因此并不适应互动式教学模式。学生理解互动式教学有一些偏差，他们的学习目的还是考高分、资格证等。但是实际上英语本身就是技能性比较明显的学科，同样需要学生具备一定的英语职业素养和灵活应用英语的能力，成绩好并不一定代表有能力。

受到传统教学模式的影响，很多学生学习英语的方法还是死记硬背、巩固做题，这种学习方法对培养学生的自主学习能力和实现拓展学生的思维都没有帮助。学生没有掌握学习英语的好学习方法，没有形成一定的英语学习思维，学习效率和质量自然难以保证。①

第三节　互动式教学模式在高校英语教学中应用的重要意义

一、符合素质教育的要求

从当前的情况来看，英语课程教学改革工作一直在不断进行，而互动式教学的特点就是师生之间的对话式互动，并且采用课堂内容预测、情景交融式的表演等方式，与素质教育的要求非常吻合，能够体现出学生主体的地位，让学生在学习和生活的过程中多关注英语的学习，并且时刻把探究性学习思路置于首位，这有效带动了高校英语教学的发展。把互动式教学理念融入高校英语教学过程，不仅可以把英语课程教学改革"以人为本"的教学理念体现得淋漓尽致，而且也可以让学生在互动的过程中体味到学习英语的乐趣，为今后熟练应用英语创造条件。素质教育更符合时代和学生未来发展的需求，同时也能有效减轻学生的学习负担，让他们在汲取营养的过程中还能为社会的发展提供推动力。良好学习习惯的养成不仅对学生当前的学习有很大的影响，而且对于学生未来的发展也是必不可少的。与传统的教学方式相比，互动式教学更注重对学生综合素质的培养，而不单单是把知识教授给学生，所以更有助于提高学生在未来发展过程中的竞争力，让他们有更广阔的发展空间。

二、能够促进学生的综合发展

采用互动式教学有助于促进学生综合发展，不仅让学生掌握足够的英语基础知识，同时还能够让学生具备一定的英语交流能力，为学生未来的发展增加筹码。由于受到应试教育的影响，高校英语教师所采用的教学方式非常、老套，主要的作用就是提高学生的英语成绩，并没有为提高学生听力、口语等应用层面上的能力做出努力，导致很多学生虽然考试成绩非常高，但并不能合理地发挥出英语这个语言交流工具的作用。开展大学英语教学工作的核心任务就

---

① 党华.高职英语互动式教学模式影响因素分析与对策探索［J］.学周刊，2023，13（13）.

是让学生能够应用，而不是让学生取得高分。成绩只能从侧面反映出学生做英语试题的能力，而不能全面地体现出学生应用英语的综合素质。互动式教学能够有效消解传统的教学弊端，让学生可以用英语在课堂上与其他学生或者教师进行交流，消除他们内心产生的畏惧心理，让每个学生都敢说、会说。学习英语并不能靠死记硬背，虽然从表面上来讲，掌握的词汇量越大，对英语句型理解得越透彻，那么对英语的应用能力则越高。其实不然，英语是一个语言交流工具，它的这种性质就决定了单纯地学习理论知识并不能有效发挥出它的作用，甚至会使学生走入一个学习的误区，不利于学生的学习。而互动式教学不仅能够让学生掌握正确学习英语的方法，而且也可以有效提高学生的学习效率，保证学习英语的有效性，促进学生综合发展。

三、有效缩小师生之间的距离

"距离产生美"，这句话在高校英语教学工作上似乎并不适用。单纯地依靠学生自己的力量来学习英语，不仅会给学生带来很大的学习压力，而且学习效果也不见得理想。很多时候，一直使学生困惑的地方，只需要教师的一句话或者一个提醒就能解决。所以，缩小师生之间的距离，发挥出教师在学生学习英语过程中的作用非常重要。传统的课堂教学方式让学生对教师产生距离感，而教师那种"独裁式"的教学方式更是让学生产生畏惧心理。而互动式教学能够消除学生对教师的误解，并且给学生创造一个轻松舒适的学习环境。采用交流互动或者情景模式的教学方式以后，能够显著活跃英语课堂教学氛围，从而使学生学习英语的积极性被充分地调动起来，让每个学生都体会到自己在课上的作用。互动式教学还能让教师更全面地了解学生，了解他们的知识基础和性格特点，从而让教学工作更具针对性。对于很多大学生而言，有时候即使他们在学习过程中遇到问题时，他们也不愿意去寻求教师的帮助。这主要是因为学生对教师有一种先天性的距离感。所以，如果教师能够采用互动式教学，积极主动地与学生进行交流，让学生感受到自己友好的态度，那么必然可以让学生产生亲切感，让教师和学生之间搭建起良好的交流互动桥梁，让师生关系变得更加融洽。[①]

---

① 王宁. 互动式教学在高校英语教学中的应用研究 [J]. 教育现代化，2019 (32).

第四节　互动式教学在高校英语教学中的应用

一、营造语境

在高校英语多维互动教学过程中，教师要将生活中的情境有意识地加入英语教学中，并鼓励学生进行自主交流，充分调动学生的主观能动性，还可以将学生分成小组，通过小组合作、探讨、协商等方式实现英语教学的多维互动，让英语课堂教学可以多角度、多方向、多层面地展开，真正形成师生间的多维互动。在创设多维互动教学的情景对话时，既要贴近生活实际，又要富于挑战而不能完全脱离学生的实际生活和学习，最终提高学生的综合英语能力。[①]

因此，大学英语互动教学模式应首先根据对教学目标和教学内容有整体把握，营造语境、以旧引新。可以通过提问设疑、自由讨论、角色表演、图像展示等创设交往互动和问题求知情境，营造英语氛围，激发学生的学习兴趣，使其尽快进入角色，全身心地投入语言实践和思维活动中去。然后通过所创设的与当堂课相关的语言情境导出新课内容，并明确学习目标，让学生明确本节课应掌握什么内容和应达到什么标准。

该环节主要是师生间的互动，实际上，是在引导学生的思维，促使学生产生期望、进取、达成目标的心理倾向，调动他们参与教学互动的积极性和主动性，让学生带着学习动机进入下一步的学习。

二、自主学习

在传统的教学模式中，学生只有静静听讲的权利，而没有思考的自由，缺乏学习主动性。古人云："授人以鱼，不如授人以渔。"教师应该注重培养学生自主能动地进行学习的意识和能力，教给学生语言学习的规律和方法，要善于启发学生思考，帮学生培养未来独立学习所需的技巧和能力。互动教学模式把这视为必要环节，留给学生独立思考、自主能动学习的时间，允许学生根据自己的能力水平、个性特点，自主地、能动地、有目的地进行独立思考，自主尝试解决问题，突出个性化学习，真正确立学生的主体地位。

这个环节主要是学生与英文文本信息之间的互动，使学生通过独立思考，

---

① 李小莉. 高校英语教学理论与实践 [M]. 延吉：延边大学出版社，2021：60.

自主能动学习，将新知识与旧知识，以及此类与彼类知识相互联系，造成认知冲突，形成独到的见解，培养他们独立思考能力和自主学习能力，提高其学习的主动性，并为下一步的合作学习奠定良好的基础。但要防止学生相互间的合作交流没有深度，流于形式。

三、合作学习

传统的教学模式以教师教为主，而互动教学模式更注重师生、生生间的交流互动。合作学习这一环节是在学生自主学习、初步感知的基础上开始合作互动。首先进行小组研讨，教师要根据学生的基础和自学情况，确定适合学生知识水平的讨论主题和要完成的任务，明确要求。通过启发、引导和激励，让学生围绕中心议题，发挥想象力和创造力，尽情地发表和交换各自的观点，相互启发、检查交流、吸收完善，发扬团队精神，通力合作，力求出色地解决问题、完成任务。

小组研讨之后，是展示小组成果、组间交流的阶段。教师要采用各种激励措施，鼓励学生充分展示他们自主学习和小组合作中知识建构的成果，发展他们思维的深刻性与广阔性、灵活性与创造性。通过集中交流共同解决问题，积极主动地获取知识，这远比教师直接灌输要好得多，因为它能让学生充分体验到成功的愉悦，保持旺盛的学习热情，激发内在的潜能。

此环节主要是生生间的互动，不仅使每一位学生都可以在课堂上大胆地、尽情地交换各自的看法，提高他们的自学能力和思维能力；而且在不知不觉中，学生们的语言知识得以建构，语言应用能力得以提高，更重要的是，培养了学生团结、合作的精神，增强了他们的自信。

四、点评归纳

传统的教学模式，一般都是教师独自对整堂课进行点评归纳。而本模式引导学生参与这一过程，充分发挥学生的主体作用。在组间交流后，按一定的标准，通过学生自评、师生互评等手段，来对学生的学习成果进行全面、宏观、准确地评价。评价的过程其实就是对整节课反思的过程，在此基础上引导学生将各组的观点、答案进行整理、分析、归纳和概括，由此形成共识。总结时，按照本堂课教学目标，首先由教师引导学生总结，然后教师再单独进行补充归纳，总结知识和学法，使学生将所学知识主动纳入自己的认知结构中。此环节主要是师生、生生互动，能促使学生积极地思考，激发学生参与的兴趣，通过对当堂课所接触的新语言的反思、评价、归纳、总结，达到巩固强化和查漏补缺的目的。

五、延伸拓展

传统教学模式一般都围绕课本进行教学，不能激发学生的学习兴趣，也不能开阔学生的视野。而在大学英语互动教学模式中，互动教学还可以延伸到课本知识和课堂教学之外。延伸拓展环节，是使学生对已知知识进行拓展和升华，对未知信息进行收集和探索的过程。

在总结完本节课所学知识后，如果课上还有时间，可以根据当堂课所接触的语言项目和应完成的语言功能，设计相关的拓展任务。例如组织学生分组讨论或辩论与本节课相关的拓展性问题，或进行拓展性练习的群测和自测等，以使学生进一步巩固知识，举一反三，并激活学生的想象力和创造力，提高他们的实际应用能力。

由于课堂互动会受到教学时间和空间的限制，还可以将其延伸到课外。课外活动是丰富学生精神生活、扩大视野、拓展创新、陶冶情操的有效阵地，课堂互动必须同课外互动结合起来。学生在许多课外活动中，可以不受教材范围、活动时间和教师倾向的束缚，独立地、自主地发展。与传统教学模式布置作业不同，大学英语互动教学模式的课外活动也要充分地体现互动，讲究内容的丰富新颖、形式的灵活多样以及教师的指导得当。

此环节主要是生生互动和学生与英文文本之间的互动，可以大大拓展互动的时间和空间，促使学生获取知识，拓展能力，培养学习积极性和主动性。要说明的一点是，此操作程序的各个环节之间具有逻辑性，但并不是一成不变的。可以根据这一总的思路，在不同课型的应用中做适当调整，使其更有效地为大学英语教学服务。[①]

第五节 基于多元互动的大学英语项目式教学模式构建与实践

一、基于多元互动的大学英语项目式教学模式构建

基于多元互动的大学英语项目式教学模式中的"多元"指的是课程设置的五个方面："分级+分类"教学指导、"必修+选修"课程构架、"线上+线

[①] 孙常丽，王红香，刘纯．大学英语多元互动教学模式研究［M］．北京：世界图书出版公司，2017：35.

下"项目式教学、"课内+课外"教学实践及"过程+结果"多元评价机制。"互动"指的是网络教学平台与课堂面授教学的互动、师生与信息技术和网络教学平台的互动、教师与学生及学生与学生之间的互动;"项目式"指的是教学中采用的"网络自主学习+课堂面授学习"的教学,以及学生合作完成项目作为学习成果的教学实践。该模式将大学英语教学的五大元素紧紧围绕"提高语言综合运用能力、拓展跨文化交际能力"的一体化目标,实现多角度、多层次和全方位的有机结合。

基于多元互动的大学英语项目式教学模式的五大元素涵盖了教学指导、课程设置、教学实践和教学评估等环节,每个环节相辅相成,互为依托,体现了整个教学流程的连续性和统一性,能有效解决教学过程中的各种问题。

首先,"'分级+分类'教学指导"可以解决学生语言水平不一,学习需求差异的问题。通过分级教学、分类指导等手段,满足不同语言水平学生对语言学习的需求,不同水平层次的学生构成"递进式"学习结构。教师在教学过程中开展分级教学,实施针对性的分类指导和契合学生语言水平的教学方法与手段,能有效提高教学质量,优化教学效果。

其次,"'必修+选修'课程构架"和"'线上+线下'项目式教学"可以解决语言学习与专业学习相融合的问题及面授课时不足、教学效果不佳的问题。该模式通过完善课程设置,将公共英语、专业英语及文学文化类课程纳入课程体系,助力学生夯实语言基础,拓展文化视野,提升专业英语素养;另一方面,该教学实践推进现代教育技术与课程教学的融合,创建"线上+线下"的多元教学与学习环境,搭建平台实现积极的师生、生生互动,将部分适合自学的讲授内容转移线上,极大延伸了课堂教学的时间和空间;同时,小组合作、项目分析及成果展示等活动有助于巩固和提升学习效果,提高学生使用语言解决问题、完成项目的实践能力。此外,语言技能、文学文化及考试技巧类选修课课程,也拓宽了教学的深度和广度,有利于学生语言能力的全面发展。

再者,"'过程+结果'多元评价机制"和"'课内+课外'教学实践"满足了全面客观地评价教学成效和提升学生语言应用能力的需求。教师采用形成性评估与终结性评估相结合的手段,通过多元评价学生的项目成果,对学生开展过程性指导、全面地监督和客观地评估、反馈,有利于培养学生严谨的治学态度、独立的自学能力和深刻的思辨能力。同时,通过鼓励和指导学生参与各类语言技能竞赛和多样化的课外实践活动,帮助学生将知识运用于实践,实现将课堂教学与实践应用相结合,为学生提供展示自我、开发潜力的舞台,提高学生语言综合应用能力。

该教学模式中最核心的部分是实现语言教学与信息技术的深度融合与互

动。具体而言，教师须增强使用信息技术的意识，合理组织外语网络教学平台的使用，同时根据《大学英语教学指南》、结合校内语言教学情况，设计合理的校本教学大纲。通过建立规范合理的教学目标，设计具有针对性的教学任务，布置科学的学习项目，促进学生课内外积极使用各种信息技术资源，切实做到"课前、课中、课后"教学的信息化和一体化，使信息技术真正融入教师的语言教学和学生的学习生活中，增加师生与信息技术的互动机会，提升学生对信息化学习的认知，提高其对信息技术使用的技能，进而达到提高学习质量的目标。

二、基于多元互动的大学英语项目式教学模式实践

（一）实施针对性的分类指导

根据笔者所在高校学生入学英语分级考试成绩，大一新生分为发展（A级）、提高（B级）、基础（C级）三个等级实施教学。各级别在教学目标、教学模式、课程设置、评估机制、教学方法与手段等方面各有特点、各不相同。教学中按照"因材施教、分类指导、个性化教学"的原则，充分利用现代教育技术，构建分类、分层、个性化的大学英语教学模式，通过项目式教学，提高学生的英语听、说、读、写、译等综合应用能力。

（二）合理设置课程构架

在大学英语课程构架中，公共英语课程包含听说、读写及翻译等技能的训练，着重夯实语言基础、提高英语综合应用能力；专业英语课程旨在提高专业英语技能，提升未来职业发展能力和科研学习能力；选修类课程旨在提升某项语言技能，培养学生的语言思辨能力和人文素养；三类语言课程互相依托，融为一体，体现语言教学的"工具性"和"人文性"的统一，实现学生语言能力的可持续发展。

（三）采用"线上+线下"的实践教学方式

项目式教学包括线上学习每两周2学时，以项目为驱动，进行有目的、个性化的自主学习；线下面授每周2学时，教师基于教材、活用教材，在教学设计、教学内容、教学过程中实施项目式教学。

具体而言，首先，教师在课堂上精讲重难点词汇、句型和篇章，组织听、说读、写、译等技能训练活动，归纳单元学习内容，布置学习任务；同时，教

师根据课堂教学的单元主题，从网络教学平台甄选符合教学大纲、顺应学习需求和学生兴趣的项目主题。然后，学生以小组为单位搜集相关资料，在资料分析、整理的基础上制订项目计划，充分利用网络教学平台和互联网的海量资源开展自主学习和项目探究，并在规定时间内完成相应的任务。学生完成任务后，通过小组会议、网络论坛、微信和QQ群等方式对成果进行汇总和凝练，并共同制作项目成果。最后，教师安排2个学时让学生在课堂上展示成果并进行针对性的评价和反馈。网络学习平台和互联网信息技术的合理使用，巩固了教师语言教学的效果，提高了学生语言学习的成效，提升了大学英语教学的整体质量。

（四）丰富第二课堂课外实践

笔者与教学团队积极组织和开展多元化、多层次的课外实践活动和英语技能比赛，包括外教英语角活动；高校英语写作大赛；英语演讲、阅读、写作大赛。努力为学生提供多样化的学习、交流和锻炼的渠道，通过课内和课外相结合的方式，发掘学生潜能，提升英语学习兴趣。

（五）建立客观、公正的多元评价机制

笔者与教学团队采用"教师+网络平台"的形成性混合式课程辅导与考核评价模式，利用网络平台记录、监控和评估学生的学习过程：一方面，通过鼓励学生积极参与线上提问和讨论、完成课后教学平台学习任务及参与班级QQ群和微信讨论等方式，实现师生、生生有效及优质的互动；另一方面，教师根据线上测验结果、作业完成情况、课堂讨论参与度和学习平台任务完成情况的统计数据，以及每个单元主题的项目评价，实时掌握学生的学习动态，全面、客观地评价学习效果，并及时调整和改进教学方法和内容，实现教学相长。[①]

[①] 周一书，严厉，辛铜川. 基于多元互动的大学英语项目式教学模式构建与实践［J］. 高教学刊，2023，9（13）.

第六章　改革视野下的高校英语生态教学法研究

生态学与大学英语教学的融合过程是一个循序渐进的过程。本章首先分析了生态教学的相关基础性知识，接着进一步探讨了高校英语教学中生态失衡现象，最后分析了高校英语生态教学模式的建构等有关的内容。

第一节　生态教学概述

一、生态教学的理论基础

（一）生态学

生态学是人们在认识自然界的过程中逐渐发展起来的。[①] 人们将生态学的发展大致分为四个时期：生态学的萌芽时期、生态学的建立时期、生态学的巩固时期和现代生态学时期。

随着科学技术的不断发展以及科学研究方向的不断细化和分化，生态学在自然科学领域内经过了六次飞跃，也产生了几十门分支学科。

第一次飞跃是将生态内容渗透到整个生物学中，出现了生物生态学、动物生态学、植物生态学、微生物生态学、细胞生态学、基因生态学、遗传生态学等，从而推动了整个生物科学的发展。

第二次飞跃是与环境条件相结合，形成了海洋生态学、陆地生态学、河口生态学、湖沼生态学、土壤生态学等，从而深化了人们对各种生态环境的认识。

[①] 王晋娟，涂香伊，李晶. 我国英语教育教学模式的改革与创新［M］. 长春：吉林人民出版社，2021：230.

第三次飞跃，由于工业革命的盛行，新科学和新技术给工农业生产带来了巨大的改变，生态学的理论和方法也开始渗透到生产科学中，形成了农业生态学、草场生态学、森林生态学、自然资源保育学、古生态学、污染生态学、放射线生态学等。这为农、林、牧业及工业生产和人类的健康幸福做出了较大的贡献。

第四次飞跃是在20世纪50年代后，生态学吸收了数学、物理、化学工程技术科学的研究成果，向精确定量方向前进并形成了自己的理论体系。这样生态学就渗透到了整个自然科学领域中，从而产生了数学生态学、物理生态学、化学生态学、地理生态学、生态气象学等。数理化方法、精密灵敏的仪器和电子计算机的应用使生态学工作者有可能更广泛、深入地探索生物与环境之间相互作用的物质基础，对复杂的生态现象进行定量分析，进一步完善了生态学理论体系。

第五次飞跃，是由生态学研究水平上的分化、发展和完善而产生的，按层次划分，其先分为个体生态学、群体生态学。随后，群体生态学又划分为种群生态学、群落生态学、生态系统生态学。同时，外在的研究逐步深入到内在，从而形成生理生态学。

第六次大的飞跃可以被认为是质的飞跃，它跨越了自然科学与社会科学之间的鸿沟，与一些社会科学交叉渗透，从而产生了人类生态学、人口生态学、社会生态学、经济生态学乃至教育生态学。当生态学与教育学相融合而产生教育生态学的理念后，其为后期的生态教育、可持续发展观念的产生与发展都奠定了非常重要的理论基础。

（二）教育生态学

1. 教育生态学的定义和研究对象

（1）教育生态学的定义

教育生态学是依据生态学的原理，研究各种教育现象及其成因，进而掌握教育发展的规律，揭示教育的发展趋势和方向。概括地说，教育生态学是研究教育及其周围生态环境之间相互作用的规律和机理的一门学科。这里所提到的周围生态环境包括自然环境、社会环境、规范环境等在内的综合环境，即我们所说的教育的复合生态环境。自然环境又可以称为物理环境，社会环境又可以称为结构环境，规范环境又可以称为价值环境，它们又包含气候、温度、氛围、人口、文化、经济、教育资源等环境要素，这些要素我们统称为环境生态因子。学者研究较多的也是从各个生态因子入手，探讨不同的生态因子与教育的关系以及它们对于教育的影响。目前较为成熟的成果和观点有人口、文化、教育资源、学校分布、班级环境等与教育生态的关系。

(2) 教育生态学的研究对象

从教育生态学的定义中可以看出，教育生态学的研究对象不仅仅是教育现象和问题，也不仅限于周围的生态环境，它是把教育与生态环境联系起来，并以其相互关系及其作用机理作为研究的对象。

2. 教育生态学的研究任务和方法

(1) 教育生态学的研究任务

教育生态学研究的三大任务：第一，从生态圈出发，以系统网络的观点全面地分析各种生态环境与教育的相互关系以及生态环境中各种生态因子对教育的作用机理和规律；第二，从宏观和微观的角度入手，研究宏观教育生态和微观教育生态，细分有教育的个体生态、教育的群体生态和教育的生态系统。尤其是生态系统的研究是教育生态学研究的重点；第三，运用水平分析法分析教育的水平结构、教育的分布模式以及教育生态的功能等。

(2) 教育生态学的研究方法

作为一门独立学科，其研究永远脱离不了三大方法：理论研究与实践研究相统一、定性研究与定量研究相统一、宏观研究与微观研究相统一。这也是众多学科研究的方法论基础。在教育生态学里还强调运用数学方法进行调查、统计以及系统分析，建立数学模型，把握全部要素及其动态情况。

二、生态教学的定义和特点

(一) 生态教学的定义

生态教学指运用生态的观点和思想来指导教学活动。[①] 它强调用一种生态的眼光、观点、思想来看待教学，从而实施教学活动，是一种有利于学生可持续发展，建设良好和谐的师生关系的教学。在教学实践中，用生态的思想方法观点来研究分析教学，分析教学的内容、教学的方法、教学的评价、课堂教学环境、教学的效果的反馈等，使教学能够健康、良好地发展，从而促进学生的成长和学习。

(二) 生态教学的特征

1. 注重学生的可持续发展

可持续发展的内涵是协调自然、人与社会发展之间的关系。将可持续发展

[①] 姚娟，徐丽华，娄良珍. 高校英语阅读与翻译教学多维研究 [M]. 天津：天津科学技术出版社，2021：265.

延伸到教育上来就是要注重学生今后的长期发展和终身发展，重视学生的当前需要，确立以人为本的发展观。

学生是人类未来的希望，他们应该在不断获得新的经验知识和成长的过程中不断变得成熟。要使每一个学生有个美好的未来，就要注重学生的可持续的发展。学生是独立的人，人离不开社会，而社会的可持续发展离不开人的可持续发展，只有人的可持续发展才会促进社会的可持续发展。而人的可持续的发展就需要教育做出贡献。学生的可持续发展是将学生一生的发展作为一个整体，一个完整的生态，即学生既拥有可持续发展的内在愿望与自我诉求，树立可持续发展的目标，又具有可持续发展的能力，能够实现发展的可持续性。

2. 注重平等和谐共同发展的新型师生关系

生态系统的基本观点在于强调系统中各因子之间的相互联系、相互作用以及功能上的统一。而教育的生态系统不仅处于与其他的社会系统有相关的联系，而且处于各个教育生态系统内部子系统的彼此联系中，而且这些联系处于平衡—不平衡—新的平衡的运动、变化、发展之中。学校作为教育生态系统的子系统，学生和教师作为学校生态系统中的两个因子，这两个因子相互联系、相互作用、相互交往，只有学生和教师保持相对平衡性、有序性，他们各自的功能才能得到有效发挥，物质与能量的流入和流出才能协调一致，教师和学生的发展才能达到和谐统一。因此，在英语生态教学中，学生和教师是交往互动，和谐、共同发展的关系。

3. 注重教学内容的生活化

英语生态教学注重教学内容来源于生活，贴近学生的生活，将生活中的话题引入课堂，便于学生在生活的情境中更好地理解教学内容，使学生容易获得成就感，并激发学生继续学习的兴趣。

传统的教学一般比较注重理论的讲解和知识的灌输，教学的内容相对来说不灵活，学生的学习的积极性不高，而且有一些和他们的生活是有一些距离的，所以教学效果并不理想。因此，英语教学过程中应该理论联系实际，将生活的实际和教学内容相结合，这样才能进行有效的教学，并且得到较为满意的效果。

4. 注重课堂教学环境的建设

课堂教学环境对于学生的发展、教师的教学、教学活动的顺利展开，都有很大的影响作用。所以，要想取得良好的教学效果，课堂教学环境就应该得到改善。课堂教学环境一般分为人文环境和自然环境。

第一，具有生态特点的人文环境通常比较侧重学生和教师之间情感上的交流，打开学生的心灵，营造一种开放、自由、和谐美好的人文环境。开放的人文环境主要表现为同学之间自由的交流彼此的想法，课堂教学氛围轻松自在，达到一种开放、自由、美好、和谐的人文课堂教学环境，给学生足够的学习空间。

第二，具有生态特点的课堂教学的自然环境主要指课堂上桌椅摆放的方式要开放，不应该像传统的稻田式的课桌椅的摆放方式，应该更注重学生和教师之间的交流，使教师和学生在课堂中的对话更加亲近，而不是以教师为中心。另外，教室墙面的张贴画应该从生活方面着手，选择真实情境的画和装饰，一方面可以贴近学生的生活，一方面真实的情境可以使学生更加容易学习和理解英语，也有利于创造英语语言交流的环境。

第二节 高校英语教学中生态失衡现象分析

一、高校英语教学条件失衡

基于计算机网络技术的信息化教学需要大量的教学投入。然而，大部分院校经历规模扩招之后，其经费相对紧张，教学硬件设施投入已显疲惫，更不用说用于大学英语的硬件设施投入。事实上，大学英语多媒体教室明显不足。大学英语教学一般分成两个部分：一是自主学习的多媒体机房，二是精读课讲授的传统课堂。在现代信息技术条件下，传统教室也需要装备多媒体设备，但很多传统课堂基本还是采用黑板加粉笔模式。自主学习的多媒体机房事实上也处于教学失调状态，很多高校的大学英语多媒体设备建成后很少更新换代，不同程度地存在机器老化问题。由于高校体制实行的管理权与使用权分离，所以一旦出现故障也可能得不到及时的处理。加之设备不够导致使用频繁，上节课也许处于正常运行状态，但下节课设备可能就无法运行，故障的出现经常处于突发性和偶然性。在这种情况下，如果教师严重依赖"机器"，那么，教学硬件条件的失调就会导致教学"软件"的失调，从而影响整个教学秩序。

二、高校英语课程设置失衡

我国试点院校需要设置相关信息化技术课程，以促进大学生英语技能的强化，但事实上大部分改革试点高校并没有按照相关要求开发和建设基于计算机信息技术的网络课程。各高等学校根据实际情况将综合英语类、语言技能类、语言应用类、语言文化类和专业英语类必修课程和选修课程相结合，确保不同层次的学生在英语应用能力方面得到充分的训练和提高。但事实上，大部分高等学校并没有按照相关要求来开设课程，课程设置主要以综合英语类为主，基本没有开设选修课程。就算有些高校开设了语言技能训练课程，但在实际教学操作中并没有达到课程设置的预期效果。例如，视听说课表面上是学生通过多媒体自主学习课堂进行自主学习，但实际上就是学生进入网络学习平台完成教师预先布置的作业，教师在整个教学过程中要么"无事可做"，要么仅仅作为监督者，防止学生进入其他网站或者聊天室，或者做其他与上课无关的事情，学生很难达到预期的训练效果。又如传统的读写课程，虽然教师借助多媒体技术实现了教学方法和教学形式上的一些改变，但教学内容几乎没有发生很大变化，它基本以知识讲授为主。在教学实践中，很多教师还是偏重于单词和句型的讲解和练习，远远没有做到相关要求所规定的"针对不同层次的学生实行差异性教学"的要求，所以也就无法实现不同层次的学生在应用能力方面得到切实的训练和提高。可见，课程设置在很大程度上只是出于政策性考虑，而没有考虑到实际情况与课程体系的结合，没有将大学英语教学个性化与普遍性相结合，造成课程设置与教学实际操作之间的失调，进而造成教学方法和教学形式之间的失调。

三、高校英语教学要求失衡

英语教学要求学校和教师要着眼于学生的全面发展。[①] 我国幅员辽阔，各地区、各高校之间情况差异较大，大学英语教学应贯彻分类指导、因材施教的原则，以适应个性化教学的实际需要。但事实上，各个学校基本上没有根据实际情况做出调整。不同高校在教学资源、教学环境、教学管理、师资条件、学生水平等方面都存在着极大的差异，采用统一的教学要求不仅不能实现大学英语教学的"统一"目标要求，而且造成不同高校的办学定位、人才培养目标与教学要求的严重脱节。同时，为了避免应试教育的嫌疑，大部分高校基本不再明文规定将大学英语四、六级作为教学要求，以配合大学英语教学的一般要求、较高要求和更高要求三个层次。其中，一般要求是高等学校非英语专业本科毕业生应达到的基本要求，较高要求或更高要求是为有条件的学校根据自己的办学定位、类型和人才培养目标所选择的标准而推荐的，各高等学校应根据本校实际情况确定教学目标，并创造条件，使那些英语起点水平较高、学有余

---

① 陈夺. 基于跨文化交际的英语教学研究 [M]. 长春：吉林出版集团股份有限公司，2021：8.

力的学生能够达到较高要求或更高要求。但在实际教学中，大学英语四、六级的通过率往往是各种考核、评估的关键性指标，并且与学位挂钩。可见，大学英语四、六级过级率是大部分高校的隐性教学要求。这种教学要求的不一致性在一定程度上导致实际教学方向的偏离，不利于大学生综合应用能力的培养，无法实现大学英语教学的目标。

四、高校英语教学内容失衡

课程设置与教学要求失调必然导致教学内容的失调。大学英语四、六级隐性导向使得教学内容或多或少围绕大学英语四、六级考试做准备，而听说读写能力的教学明文要求倒成了一纸空文。大多数教师基本上会抽出时间对学生进行大学英语四、六级考前培训和辅导，学生学习英语的动机在很大程度上也是由大学英语四、六级考试的外力所驱动。即使如此，大部分高校的大学英语四、六级过级率仍然很低，有很大一部分大学生英语水平仍停留在中学水平甚至有所下降，根本谈不上英语语言能力的全面发展和英语综合应用能力的提升。教学的单元内容也不可能在大纲规定的时间内由师生共同学习完成，教师往往会挑选几个单元进行课堂学习，其余基本留给学生自学，但实际上学生基本上都不会自行学习，从而导致学习内容的不完整。由于大学英语四、六级考试的导向性，大多数大学英语教师必然重视知识点的讲解，文化背景知识涉及不深，这造成学生英语学习一知半解，影响大学生英语水平的进一步发展，并有可能形成学科连锁反应。

五、高校英语教学环境失衡

教学条件的失调不可能实现所有教室都使用多媒体上课，一般为了节省资源，大部分院校的多媒体教室以大为主，可以容纳几个班的学生一起上课。这种大班上课完全违背了语言学习规律，那么沉默课堂也就很普遍。事实上，大部分高校由于扩招，人数基本上都处于超饱和状态，可想而知，教师在面对一两百名学生的情况下要求好的教学质量是非常困难的。大学英语教学环境失调还表现为信息技术使用的两种极端：第一种情况是"滥用"技术。相对于传统课堂而言，计算机多媒体课堂要轻松很多，一个演示文稿可以播放很多遍，教师基本上充当放映者的角色过分依赖多媒体。如果教师形成习惯，一旦多媒体设备突然出现故障，教师就会不知所措，造成离开多媒体就不能上课的奇怪现象；第二种情况正好相反，有些教师不重视多媒体计算机的作用，在不得不使用多媒体的情况下，他们却无法自行进行操作，难以物尽其用，造成了资源的极大浪费。多媒体技术同样造成学生学习环境失调，很多学生在多媒体课堂上更多的是"看"而不是"听"，造成"看"和"听"的分离，进而造成"师"和"生"的分离。

综上所述，多媒体信息技术一方面促进了大学英语教学，另一方面又造成大学英语教学的失调。这些失调无法从传统的课堂教学中得到解决，需要教师运用新的思路，从新的角度进行疏导。毫无疑问，教育生态学开拓了教育科学的新领域，从宏观上启迪了英语教学的新思路。从生态学来看，信息技术作为一种外来因素"引入"大学英语教学生态系统，使其生态因子发生或大或小的变化，这些变化既有向好趋势也有不利反应。一般来说，一个生态系统在不同条件下需要外部因素的刺激才能更加激发生态系统的活力，大学英语教学生态也是如此，但是这种刺激在一定时期内使得教师、学生、信息技术、教学环境等生态因子的生态位出现一定程度的错位现象，严重时可能会导致生态链的脱节和缺失，从而不可避免造成了大学英语教学生态系统的暂时失衡。我们要充分利用信息技术对大学英语教学生态系统的促进作用，正确认识信息技术造成大学英语教学生态系统的失衡现象，及时发现大学英语生态位的紊乱现象，准确把握信息技术作用下大学英语教学的生态规律。因此，有必要运用生态学相关原理协调大学英语各生态因子之间的关系，对系统进行优化，重构信息技术作用下大学英语教学的生态平衡。

第三节 高校英语生态教学模式的建构

一、采用共生与竞争的课堂模式

"竞争与共生"是自然界生态系统基本特征之一。生态系统中的资源承载力与环境容纳总量在一定时空范围内虽然恒定，但其分布不均匀。分布不均导致差异性，差异导致竞争，竞争促进发展。借此现象，学生间可以进行分组学习活动，通过组内合作与组间竞争激发其学习动力，有效提升其交际能力。根据大学英语教学的实际情况，将课堂活动分为三类：第一类为教师控制型活动，即教师给定学习主题，控制教学活动过程，学生可以进行模仿、问答、角色扮演、操练和意义的构建；第二类是教师半控型活动，教师制定学习主题，适当对学生活动进行引导和指导，包括头脑风暴、故事讲述、信息转移、以线索为基础的对话等活动；第三类即开放型活动，教师不设定话题且全程控制学生活动，学生通过游戏、报告、问题解决、戏剧、模仿、讨论、作文和提案等方式呈现，在这一类型教学活动中，几乎完全由学生自主思考与交流，教师充当聆听者角色，必要时给予适当建议。

生态化大学英语课堂应是以共生为基础的竞争型教学活动，即在这种教学模式下，学生主体进行组内协作学习，共同解决问题来达成学习目标。激发课堂学习活动的目标结构有三类：个人性目标、竞争性目标、合作性目标。由此可见，在生态化大学英语课堂中，共生与竞争是共存的。基于种间竞争原理，大学英语教师可以适当采用组间比赛形式，开展辩论、抢答、表演、任务型学习等竞争性学习活动。共生与竞争共存的大学英语课堂有利于激发学生的学习热情和动力，遵循了教育生态学的平衡理论。

二、建构师生优良的关系生态

所谓师生关系是指教师和学生在教育教学过程中结成的相互关系，包括彼此所处的地位、作用和相互对待的态度等。① 高校英语教育的二元主体是教师与学生，师生关系也是英语教学能否顺利高效推进的关键要素。师生都应该端正自身的角色认知，从生态学的视角来建构全新的教与学理念，在保障英语课堂开放性的同时附之以动态性与生态性。一方面，教师应摈弃课堂霸权角色，要做英语课堂的导学者，英语学习资源的提供者，将更多的学习选择空间留给学生；要做英语学习的合作者，放下身段、抹去权威，参与到学生的学习中去，在合作中发现疑问，在共同解决问题中提升学习能力；要做英语学习的技巧经验分享者，善于发现学生学习闪光点，善于总结固定英语知识的学习经验，在全班范围内进行经验移植与共享；要做英语学习的倾听者，善于体察学生的学习困惑与想法，善于汲取学生的建议，在实践中验证其科学性与合理性。另一方面，学生应掌握学习主动权，争取话语权，做好善学者、进学者、乐学者，主动掌握规定的英语知识，主动创造机会摄取符合自身学习能力与学习需求的其他英语资源，做一个学而有得者，做一个终身进步者。教师的"教"与学生的"学"是课堂的对立面，二者关系唯有达到意识统一、行为一致，师生关系才能得到良性的发展。

---

① 吴洪成，常文华，冯钰蓉. 清代河北颜李学派教育思想研究 [M]. 武汉：武汉大学出版社，2022：95.

三、建立英语教材的互动生态

教材是高校英语教育的知识模板，但千篇一律的教材配置在增强其通用性的同时，也在某些专业教育中出现一些问题。在现有教材条件下，高校师生必须重新认知教材，对既定教材加以充分对话，不断挖掘其深层知识与潜在教育因素。一是教材的客观解读。教师要基于自我知识能力、英语素养、教学经验等，展开对教材的充分理解与解读，并将解读结果提供给学生供其甄用。二是教材的创新开发。要结合学生需求实际对英语专业教材展开适度解构，主动调整并重构教材内容。同时也可多校联合，与区域内高校展开英语教材的合作科研、成果共享，制定符合本区域、本专业的英语校本教材。三是教材的运用设计。在课程实施前，教师要在教材内涵准确把握的前提下，依照教材编制规则，制定符合英语层次要求又与英语应用环境相符合的教学方案，并提供相匹配的英语训练资源。四是教材的生活摄取。生活就是知识的来源，教师要突破教学框架，从生活中摄取与教材内容相关的内容，如报纸（国际版）、电视（英文台）及其他生活类英语资源，搭起教学与生活的桥梁。五是学生的教材观。学生要善于从教材的框架中脱离出来，主动分析教材内容、分析学习难点，主动思考教材中跨文化背景下的语言差异、语言习惯、语言内涵，端正英语学习观念，逐步培养良好的英语辩证学习习惯。

四、建构英语课堂教学模式生态

课堂是高校英语教育的主要场域。适应英语教育生态构建的需求，高校教师要更加聚焦课堂教学，梳理并解决好每个教学环节，打造真正可以发挥教师专业特长、可以吸引学生专业兴趣的优质课堂。一是要强化生本理念，教师要一切以学生为中心设计并开展课堂教学；要鼓励学生主动参与到课堂学习中，做到"课前预习+课堂研习+课后复习"，让新旧知识均有其学习与巩固的机会空间；要吸引学生参与到合作学习中，与同学交流方法经验，善于在心灵沟通中形成学习互帮互助的合力。二是要强化学习创新，提倡师生不同主体针对差异化的学习内容，开展符合自身成长需求的学习探究。一方面，教师借助于继续教育等平台，共同研习与自主学习相结合，有针对性地进修英语学习内容，不仅辅助完成阶段性英语教学任务，还有利于强化自身英语专业教育的学科素养；另一方面，为学生设置"课堂教材+课外延展"等多样化的学习内容，为其提供可选择空间，设置学习结对、学习小组等帮扶小集体，定制学习竞争机制的同时，也利用群体智慧辅助其完成既定的英语内容学习。三是要加强生态评价，应树立客观多元具有说服力的评价目标，将学生学习过程中的学习兴趣、学习方法、学习态度等非量化因素纳入英语学科的考评范围。同时，要拓展评价方式，如建立教师综合测评、学生互为评价、个人自我评价于一体的多元评价模式，强化评价对学生思想行为的现实反馈与激励引导功能。①

五、制订合理的生态教学目标

课堂教学往往被看作是一个生态系统，而这一生态系统的平衡性却不断被打破，如以教师为中心的授课模式和以学生或媒体为中心的授课模式都不利于教学生态模式的构建。教学目标的选定涉及语言知识目标、学生发展目标及整体教育目标。语言知识目标的制订会直接影响学生的语言能力。在高校英语教学生态模式的构建过程中，初级阶段的通识课程可以以掌握语言规则为主，如语音、语法、语义、语用等基础知识，教师应在课堂教学中积极引导学生掌握基本的语言规则，通过反复操练，强化其对基础知识的掌握；中高级阶段的通识教育可以融入文化知识和专业知识，教师可以根据学生的特点、认知能力和认知水平，融入西方国家的风土人情、历史地理、文化及价值观等。此外，语言知识与文化知识在生态教学模式的构建过程中同等重要，在设定教学目标的过程中，不能忽视其重要性。教师可以采用多媒体教学手段，通过影片的导入、自身的经历向学生介绍各国的文化及不同文化间的差异，通过不同文化的输入，培养学生对中西文化的敏感性，提高其跨文化交际的能力和多元文化意识。制订教学目标还应将整体教育培养目标融入其中，注重学生的"全能"发展。英语教学生态模式强调语言知识与技能的结合、教学过程与效果的结合、教学目标与非教学目标的结合，只有将三者相结合才能保证学生在习得过程中体验语言及其使用，有利于其潜能的开发及全面发展。

六、选择合适的生态教学内容

教学内容的选择主要涉及教师与学生对课程内容、教材内容及教学实际进行的综合性加工。英语教学生态模式中的教学内容主要涉及语言知识的选取、文化知识的传输及生成意义的全面发展等内容。对此，教师可以合理利用教材，对教材内容进行选择、取舍，同时科学地加工教材，合理地组织教学过程。具体而言，教师可以通过整合教材内容，结合网络资源，采用多元化、趣

---

① 王英华. 生态视域下高校英语教育优质发展策略探讨［J］. 吕梁教育学院学报，2021，38(1).

味性的教学方式，引导学生了解、习得和吸收语言知识。

英语语言知识的选择是一个融合自然科学与人文社会科学的过程，在这个过程中，应注意各个要素之间的相互关联和相互作用。在构建高校英语教学生态模式时，教师应以生态语言学为基础，结合教育观，正确处理外国文化与本土文化的结合点，巧妙地将中西文化结合起来，丰富学生的文化知识，让学生了解二者之间的相似性和差异性。

七、采用多样化的生态教学方法

英语教学生态模式在教学方法和手段的选取上需要体现出其灵活性、切实性和开放性的特点。

第一，角色的转换。生态教学涉及教师讲授、师生互动、师生共同反馈等阶段。在构建高校英语教学生态模式的过程中，教师要摒弃"以教师为中心"的教学行为，在动态、灵活的教学中将学生视为平等的生态因子，从个体出发，培养其主动性、灵活性和创造性。也就是说，大学英语课堂教学生态活动是师生共同参与、交流的过程，是各类教学因子共同作用的过程。在这个过程中，教师是引导者、组织者和促进者，而学生则是教学活动的参与者、探索者。教师为学生创设不同的教学场景，从而激发学生自主探索的思维能力，为其提供良好的自主学习平台，以激发其参与课堂交际的意识，引导其参与整个教学活动。

第二，文化的输入。语言是文化的载体，是文化的主要表现形式。文化的输入需要在课堂内、外进行，让学生在实际环境中吸收文化知识。教师可以设定不同的场景，让学生通过角色扮演激发学习兴趣，拓宽文化视野，提高跨文化交际的意识和能力。

第三，借助网络资源。教师可以借助丰富的网络资源，通过电影、歌曲、图片等营造轻松、愉悦的学习氛围，潜移默化地提高学生学习语言的水平和能力；或者可以借助网络学习平台培养学生自主学习的能力。需要强调的是，在多媒体信息技术被广泛运用的时代背景下，教师不能仅仅利用网络资源吸引学生的注意力，还应与学生积极交流、互动，建立师生间的平衡生态关系，让学生充分、合理地利用网络资源。总之，生态化课堂是教师创设情境、提供信息资料和情感交流的过程，在此过程中，学生充分利用现代信息技术，通过浏览网页、与本族语者在线交流等方式养成良好的学习习惯。教师可以选取不同的学习软件或在线平台，为不同水平的学生布置不同的任务，以培养其学习兴趣。教师还可通过网络答疑等手段建立学生学习档案，及时获得信息反馈，从而构建和谐的生态语言教学环境。

八、构建大学英语教学生态化的评价体系

（一）以学生为主体的多元评价形式

评价参与者多元化、评价内容多维度有助于多角度、全方位地了解学生的学习状况及个人成长状况。教师可从学生自我评价中获得学生课前、课中，课后的学习过程的及时反馈，这有助于明确学生的自我认知，提高学生的自我监督能力。教师对于学生学习的评价能够给学生及时反馈，及时纠正其问题。学生间的互评有利于其互相监督，达到共同进步的效果。同时，要从不同阶段的各个方面对学生进行过程性、发展性评价，评价的内容不应局限于作业、测试，课堂表现等，还要对学生的学习态度、应用能力、个人心理与情感表现等诸多方面进行综合评价。在评价方法上，也不应拘泥于单一形式，可采用问卷调查、访谈等方法，保证评价结果的客观性和可信度。

（二）以教师为主体的综合评价形式

对于教师的评价应当不仅以学生的考试成绩等教学成果为评价依据，还应综合评判教师的教学方法、教学态度以及对学生的人文关怀等方面。以学生、教师以及学校成立的评价专家为评价参与者进行定期、不定期的评价，并将评价结果反馈给教师本人，以促进后续教学工作的改善，不断提升教师综合素质。总之，科学有效的教学评价体系有助于优化大学英语教学活动，也对实现生态化教学具有重要贡献。[①]

[①] 李丹，吴彤. 基于生态化的大学英语教学研究 [J]. 安徽电子信息职业技术学院学报，2022，21（1）.

第七章　改革视野下的高校英语自主学习教学法研究

在今天这个知识与信息爆炸的时代，人们逐渐意识到，仅靠学校学习所获得的知识、信息来应对这个复杂多变的世界是远远不够的，如果不能及时为自己"充电"，就将被时代前进的步伐所抛弃。在此背景下，自主学习就成为当下人们较为关注的问题。

第一节　自主学习教学概述

"自主学习"教学模式是在英语教师的引导下，通过学生自己的独立思考与交流探讨而得到的。教学实践表明，自主学习的独特特点与类型使得自主学习有利于学生主观能动性的发挥，有利于学生愉悦地接受知识。

一、自主学习的特点

（一）师生观的变化

在课堂教学过程中，教师要起到控制教学过程，组织教学活动，制定教学内容等基本作用。但与传统教学模式不同的是，教师要在帮助学生学会学习的同时参与学习，理解学生的感受，而不仅仅是当一个传授者和评判者。

（二）尊重学生的个性差异

每个学生都是独一无二的，都有其自身独特的学习个性。如果英语课堂限制过多，学生把较大一部分注意力用于控制自身的"秩序"，反而妨碍了英语学习的顺利进行。

(三) 教学过程的交互性

学生英语学习的过程最主要的是"尝试",如果预先设计好尝试的过程与结果,学生的任务就是按照设计的过程和结果,按部就班地执行。在此过程中,如果学生进行了没有预先设计的尝试,反而会产生破坏性的作用,阻碍了教学过程的正常运行。英语课堂教学过程中教师与学生形成的教学关系会不断地产生交互作用。

(四) 能动性

自主学习是学生积极、主动、自觉地从事和管理自己的学习活动,而不是在外界的各种压力和要求下被动地从事学习活动,或需要外界来管理自己的学习活动。这种自觉从事学习活动、自我调控学习的最基本的要求是主体能动性。

(五) 有效性

自主学习在某种意义上讲就是采取各种调控措施使自己的学习达到最优化的过程。一般说来,学习的自主水平越高,学习的过程也就越优化。

(六) 自立性

每个学习主体都是具有相对独立性的个体,具有自己的独特方式和特殊意义,具有"天赋"的学习潜能和一定的独立能力,能够依靠自己获取知识。因此,自立性是"自主学习"的基础和前提,是学习主体内在的本质特性,它不仅体现在学习活动的各个方面,而且贯穿于学习过程的始终。[①]

二、自主学习的类型

(一) 课内自主学习和课外自主学习

根据学习时间和地点的不同,自主学习可分为课内自主学习和课外自主学习,而课内自主学习又分为"无声的自主学习"和"有声的自主学习"。无声的自主学习是一种个性化的学习方式,表面上看起来是在老师的控制之下,实际上是学习者在默默地管理自己的学习,他们把老师的目标当作自己的目标去

---

① 濮燕屏,郭跃.论自主学习教学模式[J].锦州医科大学学报(社会科学版),2022,20(1).

实现，并能够和老师很好地合作，从课堂上获取很多不同的知识。而有声的自主学习是指以学习者为中心的教学方法。教师设计教学大纲满足学生的需求，开展各项活动鼓励学生参加，并给学生提供机会选择学习方法和学习范围，让学生在民主的气氛中，积极愉快地获得知识。

课外自主学习是指学生在课余时间所进行的学习活动，如预习功课、完成作业、复习功课、选用参考书等。在这些活动中，学生不自觉地运用自主学习的方法，如独立思考，独立分析，独立决定完成作业的时间和方法，独立选择适合自己需求的材料，独立确定自己的学习目标和实现目标的方法和手段等。

（二）完全自主性和非完全自主性

在学习过程中，涉及学习决策、学习方式、学习进度、学习时间及地点、学习材料、检查及测试等诸多方面都是由学习者自我决定的，完全没有教师的参与，并且学习者也不使用任何种类的专为学习者设计的语言学习材料，那么，这就是完全自主性学习。如果在以上方面的决策中有教师不同程度的参与，即可称为指导性自主学习，即非完全自主性学习。事实上，在学习的整个过程中，教师参与越少，表明学习者自主性越高。

（三）外在的自主学习和内在的自主学习

外在的自主学习具体表现为学习者绝对意义上的自我独立性，即学习者自己确立学习目标，确定学习内容、进度，选择相应的学习材料、手段和策略，监控学习过程，评价学习结果；反映在课程设计和课堂教学活动上，这个意义上的自主体现为师生共同磋商，在照顾学生需要的基础上编排教学内容和活动形式、评估学习效果。

内在的自主学习主要关注的是学习过程中学习者的有效投入。具体来说，就是学习者在多大程度上明确自己的学习目标、学习责任，在多大程度上意识到自己是如何决策、如何评价学习过程的。在学习过程中，这一架构中的各种观念、价值取向等需要被重新认识、理解和修正。学习者不仅学到知识、技能，更重要的是学会通过自省重新审视自己的学习观念和能力，并逐步树立起对自己的信心。

（四）无时空限制的自主学习

网络信息技术的迅速发展，为英语学习者提供了一个全新的平台。学习者可以自由选择学习时间和地点（自主学习的基本要素之一），可以自主选择学习材料和学习内容。时空上的自由度使学生可以完全自主地控制学习节奏，决定学习的安排和投入,有利于锻炼他们独立学习的能力。让学生从"学"的领域扩展到对"教"的参与,时空上的要求成了学生自主学习的突破口,师生形成了多向的、多中心的互动关系。

第二节 影响自主学习的因素分析

一、影响自主学习的内在因素

（一）自我效能感

自我效能感是指个体相信自己有能力完成某种或某类任务,是个体的能力和自信心在活动中的具体体现。自我效能感对学生的学习存在以下几个方面的影响。

（1）影响学习目标的制订。一般而言,高自我效能感的学生制订的学习目标较高。这类学生愿意挑战困难,愿意通过努力达成目标,也往往能够很好地监控自己的学习过程,及时调整学习计划。

（2）影响学习任务的选择。在可以自由选择任务的情况下,学生一般会选择自己比较有信心的学习任务,回避那些自认为难以完成的任务。

（3）影响学生的情感状态。学习总是伴随着一定的紧张和焦虑情绪。这种情绪无论过高还是过低都不利于学习目标的达成。

（4）影响学生付出的努力,遇到问题时能够坚持的时间和面临复杂情境时的适应能力。自我效能感强的学生在遇到难以解决的问题时,其坚持的时间更久,能够很好地自我调节以便顺利地完成任务。

（5）影响学生对自主学习策略的运用。高自我效能感的学生能够根据不同的问题灵活地选择合适的学习策略,而低自我效能感的学生往往拘泥于一种学习策略上,若不奏效,很可能失去学习信心。[1]

（二）学习动机

学习动机为外语学习者提供动力并指引方向,是语言学习中的首要因素。

---

[1] 张静. 大学自主学习教学体系的构建［J］. 高教学刊, 2019 (23).

只有把这个问题解决了,才能保证外语学习向着正确的方向发展,不至偏颇。外语学习动机大体上可分为工具型动机(Instrumental Motivation)和融入型动机(Integrative Motivation)。工具型动机通过运用外语这一语言工具,满足现实生活中的工作和学习的需要。融入型动机主要着眼于语言运用,通过外语学习,进而融入这种语言文化中。无论是哪种动机,只要学习者有急切的愿望、强烈的动机,就能根据自己的需要主动地学习。不难看出,学习动机和自主学习之间是一种动态关系,两者相辅相成,互相促进。

(三)学习态度

学习态度就是指学生对自己在学习中应承担的责任持一种什么样的认识,以及对自己的学习能力如何评价。可将学习态度分为以下三类。

(1)对目的语社区和操目的语的人群的态度。

(2)对待学习目的语的态度。

(3)对待语言以及语言学习的总体态度。

按照自主学习的本质要求,学生应该采取一种积极的态度对待自己的学习,也就是说学生要对自己的学习过程及成果负责,积极地投身到学习中去。学生要想提高学习效率,就必须对自己的学习负责。

一般来说,具有积极学习态度的学生一般具有较强的学习动机,他们对于知识的欲望较为强烈,学习效果更加显著;而学习态度不好的学生往往学习动机也不强,遇到一点困难就会产生厌烦心理,对学习失去信心,学习成绩始终得不到提高。

由上可以看出,不改变学生的学习态度就难以提高他们的学习动机,更加难以提升其学习成绩。据此本书认为,教师必须帮助学生摒弃消极的学习态度,使学生怀着一种积极的心态去学习,在遇到学习上的困难时不气馁,以积极的心态去解决问题,当自己的学习成绩不理想时,应积极寻找自身原因,努力弥补自己的不足,而不是归咎于外界因素。

(四)认知结构

原有的认知结构是影响学生自主学习的内因之一。一切有意义的学习都是在原有学习基础上产生的,不受学习者原有认知结构影响的有意义学习是不存在的,认知结构就是学生头脑里的知识结构。广义地说,它是某一学习者的观念的全部内容和组织;狭义地说,它是学生在某一特殊知识领域内的观念的内容和组织。如果原有的认知结构有适当的观念可利用,则可以促进自主学习。若清晰性或稳定性高,不仅可以强化原来的认知结构,而且还利于新知识的学习。

（五）学习风格

所谓学习风格，就是人们在学习时偏爱的方式，即学习者在解决学习问题、完成学习任务时表现出来的极具个人特色的方式。显然，每位学生的学习风格是各不相同的，正是这些不同，造成了学生在学习方法、学习习惯上的差异。例如，有的学生习惯用眼睛学习，对图片、文字等视觉感知的信息比较敏感，这类学生就属于视觉型学习者；有的学生习惯用耳朵学习，他们喜欢通过听录音带、听报告、听对话等方式获取信息，这类学生就属于听觉型学习者；还有的学生习惯通过实践和直接经验来学习，即通过亲自参与、体验来获得信息，这类学生就属于动觉型学习者。这三类学习者接受信息的倾向不同，自主学习的过程、方式自然也就有很大的不同。

二、影响自主学习的外在因素

（一）教师

教师是影响学生英语自主学习的重要外在因素之一，在学生自主学习的培养中扮演着重要的角色。教师不仅要向学生传授语言知识、语言技能，还要教会学生如何进行自主学习。

教师的教学态度和理念、教学方法以及所使用的教材会不同程度地影响学生自主学习能力的发展。但实际上，教师本身就是影响自主学习的一个重要因素。一般而言，教师在学生的学习过程中给予的指导、监督和启发越多，学生从中获得的经验越多，也更能明确地意识、指导和调节自己的学习过程。另外，在现行的教育条件下，学生的自主学习作为一种活动过程，也不可能完全独立于教师的指导之外。换句话说，学生在进行自主学习时，还必须依赖教师来确定学习内容、获取学习策略、提供学习反馈，遇到自己不能解决的学习困难时，还需要教师的指导和帮助，从而促进自己的自主学习。

为了培养学生的自主学习意识，教师首先要具有培养学习者英语自主学习的意识。如果教师自身没有自主学习的意识，对自主学习不了解，那么他们在教学过程中就不可能为学生提供自主学习的空间。此外，教师要相信学生有能力为自己的学习负责，鼓励他们反思自己的英语学习，否则教师就不会给学生更多的学习自主权。

（二）同伴

自主学习虽然提倡学生独立思考、主动探究地自学，但这并不意味着学习是完全独立的。同伴之间的协商、合作也是自主学习中不可缺少的。具体而言，同伴对学生的自主学习的影响主要体现在以下三个方面。

（1）同伴的自主学习对学习者有榜样示范的作用。社会认知理论认为，自主学习能力的发展过程，是个体将外部学习技能内化为自己能力的过程，而这个过程要先后经历观察、模仿、自我控制、自我调节四个阶段。

（2）同伴的自主学习行为和成绩会影响学习者对自身学习能力的评价。

（3）同伴关系会影响学生的学业求助。学业求助对学生的自主学习具有积极的意义。它不仅是一个重要的社会互动过程，而且是一种重要的适应性自主学习策略。同伴之间主要存在吸引与排斥、合作与竞争的关系。一般而言，在情感和谐的同伴关系中，学生之间的竞争性较低，自尊心能够得到保护和尊重，学业求助所付出的代价也较小，因此学业求助更容易发生，这有助于促进学生的自主学习的发展。

（三）环境

1. 学习环境

学习环境因素对自主学习能力培养起到一定的影响作用。良好的学习环境和丰富的辅助资源是自主学习获得成功的一个重要条件，如适宜的学习场所、各种学习设施、丰富的图书资料以及易获得的学业帮助等。

2. 社会环境

（1）物质环境

物质环境是自主学习的基础。良好的物质环境有利于开展合作学习和自主学习。对大部分学习者而言，学校是学生学习的主要场所，是学习者接受教育、获取知识的地方。为了促进学生自主学习能力的发展，学校应尽可能地为学生提供自主学习的场所、资料等方面的支持。例如，体育场所、机房、实验室等全天向学生开放，提供英语角，为学生提供自主学习需要的图书资料、音像资料等。

近年来，网络技术、多媒体技术在英语教学中的应用，使课堂上的师生交流更多地为人机对话所取代，使学生可以根据自己的实际情况和学习需要有针对性地选择学习内容、学习材料，自主安排学习时间、学习地点，自行安排学习计划，随时提出学习中的问题并能够得到及时帮助和解答。可以说，现代教育技术的发展为教师自主教学和学生的自主学习提供了更多的机会。因此，学校应该有效利用多媒体和网络技术，为学生的自主学习提供物质条件。有条件的学校还可以建立固定的英语自主学习中心，为学生提供自主学习空间，营造良好的自主学习环境。

(2) 文化环境

有的学者坚信，源于西方文化的自主学习模式与我国传统教育文化中的以教师为中心，强调教师的权威性相抵触。事实上，我国学习者和欧洲学习者的自主学习意识都较高，他们都希望自己是学习的主体。同时研究结果表明，不同文化背景下的学生的自主学习特征有着明显的不同。具体来讲，西方学习者喜欢采用的思维和行为方式经常是与他人不同的，他们独立、自信、果断，愿意提问，很大程度上能够自己确定学习方向和控制学习过程，还能选择适合自己的学习方法，评估自己的学习过程和结果，他们所具有的自主性是积极性的。而我国学习者更注重的是把所学内容进行复现，在学习过程中表现出更多的被动、顺从。他们通常不能自己确定目标，更倾向于在调整和规划自己的学习方法与学习进程时沿着已经设定好的学习方向和学习目标前进，因此，应切合我国特定的社会文化环境背景，充分利用有利于学习者自主学习的社会文化因素，排除那些干扰因素。

(3) 人际关系

人际关系也是影响自主学习能力形成的重要因素。英语课堂中的人际关系主要有师生关系和同学关系。良好的师生关系和同学关系不仅可以降低学生学习中的焦虑感以及紧张情绪，使学生的学习变得愉悦，从而在一定程度上提高学生进行自主学习的积极性和主动性，而且可以营造良好的自主学习环境。当学生与教师之间的关系融洽、和谐时，学生的自我效能感就会更强，就越有可能去追求自己的学习目标，其自主学习的意识也就越强。

因此，英语教师在教学中要努力创造轻松、友好的课堂气氛，建立融洽的师生关系、同学关系，使学生们乐于参与课堂活动，积极参与合作学习，并最终获得自主学习能力。

第三节 高校英语自主学习教学法的实践

自主学习能力表现为一个人能够自我管理自己的学习行为，这种行为贯穿自主学习型教学法的始终。因此，对于自主学习型教学法在英语教学中的应用问题，我们主要关注学习者在自主学习中对自身学习行为的控制与管理，包括自主计划、自主监控、自主评价等三个方面。

一、自主计划

自主计划阶段可以理解为学习前的准备阶段，在这一阶段，教师要帮助学生针对所学习的内容及要采取的学习行为做好准备。首先，学生要根据所学材料的标题预测将要学习的内容，认识到在不同语篇中信息的组织方式也不相同，并了解相关的文化信息。然后，学生要确定学习目标，学习目标的确定有助于学生了解那些重要的细节信息。

在自主计划阶段，学生需要进行两个方面的准备工作，即言语准备和非言语准备。言语准备与非言语准备的工作是融为一体，同时进行的。例如，教师可以在学生尚未接触到所学内容的情况下，提供一系列关键词或短语来帮助学生预测学习材料的内容。教师提供了一系列关键词语或短语，而由于学生先前建立了一定的图式知识，因此这些关键词和短语对学习者已有的图式知识起到了激活的作用。这里我们可以将这个过程理解为联想，即学生在已有知识经验或背景的基础上，由关键词语或短语引起的相关的联想。[1]

具体来说，在自主计划阶段，学生或老师主要进行以下几个方面的准备工作。

（1）先行组织，又称组织计划。即预习将要学习的材料，了解相关的大意以及重要概念。例如，基于先前已有的知识对所学的内容进行预测；了解在要开展的学习任务中采用的学习策略；对要开展的学习任务有关的语言形式、概要、次序或语言功能等做出计划。

（2）集中注意。即事先计划学生在学习任务完成过程中始终保持自己的注意能力。例如，关注文章的大意等重要信息，忽略无关的干扰性信息。

（3）选择注意。即事先确定要注意学习任务中输入的某些方面的特征或有助于任务完成的一些情境细节，并在任务完成过程中注意语言输入的某些方面。例如，要注意到关键词或短语重要概念或语言标记。

（4）自我管理。即了解促使学习任务顺利完成的各项条件并尽量创造出相应的条件；要控制自己的语言行为，尽可能地利用已有的目标语知识。例如，积极利用课堂之外的机会使用所学的语言知识。

---

[1] 吴莉婧，曹博．云教学平台促进学生自主学习教学实践研究［J］．亚太教育，2021（15）．

二、自主监控

自主监控是指学习者在完成学习任务的过程中对自己的语言理解和语言行为加以核查、确认或修正。自主监控阶段包括两个方面的学习行为：自我监控和发现问题。

(一) 自我监控

自我监控是指学生要在完成学习任务的过程中检测、证实或修正自己对所学内容的理解或调整自己的语言行为，包括计划监控、输入监控、输出监控、策略监控等。例如，阅读过程中教师引导学习者把自己在阅读过程中的各种理解说出来，以培养学习者思考、预测、验证等阅读习惯，提高自我监控的能力。具体来说，学生的自我监控可以分为以下若干方面的内容。计划监控：即监控自己所做计划的完成情况；理解监控：即监控、确认或修正自己的理解；策略监控：即监控自己对某一策略的使用情况；输出监控：即监控、确认或修正自己的语言输出；听力监控：即根据自己听到的信息做出决定；语体监控：即根据内在的语体特征监控、确认或修正；视觉监控：即根据自己看到的信息做出决定；双重核查监控：即在整个任务完成过程中监控实现采取的学习行为或考虑到的可能性。

(二) 发现问题

发现问题指的是学生在自我监控的基础上发现学习任务中需要解决的问题。作为一种有效的自主监控手段，参与发现问题并试图解决问题不但能够促进学生的语言运用能力、问题解决能力的发展，而且对学生阅读策略、听力策略、交际策略等的提高也会有帮助。例如，教师可以在给学生布置学习任务后，由学习者通过阅读、听力理解、讨论等归纳出某种规律性的知识，以培养学生分析归纳的策略能力。

可以说，学生对自己学习行为的监控能力反映了其元认知水平的高低。学生可以通过对学习过程的监控，来核查自己原先的预测是否与目前正在学习的内容吻合。例如，在听力理解过程中，教师引导学习者将学习材料中的人物、事件、地点、时间，甚至是人物的年龄、外貌特征、口音特征等信息一一记录下来。而如果学生没能将自己原先关于所学内容的预测与目前的学习内容的新信息加以对照，便不能正确理解学习内容所反映出来的真实信息。可见，学生的自我监控能够让他们认识到自己所采用的学习策略是否有助于任务的完成，提高自己的推理能力，从而使自己对学习过程的监控更加有效。

三、自主评价

自主评价是指学习任务完成后学生从知识掌握的完整性和准确性方面核查语言行为的结果；核查自己对语言的掌握情况、策略的使用效果，或完成现有学习任务的能力。可见，自主评价是学习活动结束以后要做的工作，即学生在教师的指导下评判自己的任务完成情况，进一步巩固所学的知识与技能。

学生之所以要在学习活动结束之后进行自我评价，目的是了解对知识的掌握情况，并及时发现不足之处。在评价过程中，教师要评估学生的较高层面的语言理解，关注学生输出的意义而不是语法的正确程度。因此，自主评价尤其强调教师要引导学生对所使用的策略进行反思，并且努力将所掌握的策略运用到新的学习任务中。可见，自主评价既能够促使学生对自己的学习活动进行系统的评价，也可以促使学生在新的学习任务中再次尝试所掌握的学习策略和技巧。

具体来说，自主评价主要包括以下几个方面：输出评价，即任务完成后核查自己是否完成学习任务；策略评价，即评判自己在完成学习任务中策略的使用情况；语言行为评价即评判自己在任务完成过程中的表现；能力评价，即评判自己完成学习任务的能力；语言掌握评价，即评判自己对目标语本身的掌握情况，例如对短语、句子或概念的掌握。自主评价还包括很重要的一个组成部分，即延伸活动。所谓延伸活动是指学生得到更多的机会来仔细揣摩所学的新概念和技能，将这些概念和技能融入自身原有的知识系统中，并运用到现实的语言情境中。同时，学生也会得到更多的机会进一步发展自身的较高层次的认知技能，如演绎某个概念的新用法等。

第四节 高校英语教学中学生自主学习能力的培养

一、高校英语教学中培养学生自主学习能力的必要性

大学阶段的英语学习同中小学阶段的英语学习存在着本质区别，该阶段需要培养学生的自主学习能力，使他们能够严格要求自身，在主动学习英语的过程中实现英语水平的提高。在高校英语教学中培养学生自主学习能力对他们的英语学习以及个人成长具有深远意义，具体而言主要体现在以下几个方面。

首先，大学生大部分已经成年，他们的身心发展渐趋成熟和完善，他们不像中小学生一样自制力较差，在英语学习中需要教师的监督。大学生已经具备较高的自我约束力，只有培养他们的自主学习能力，才能使他们适应大学阶段各学科的学习，才能将他们从中学阶段的学习习惯转化为大学阶段的学习习惯，适应大学学习的环境。

其次，在高校英语教学中培养学生自主学习能力可以显著提升学生的英语水平。自主学习能力注重学生在没有外力约束条件下的主动学习，这是一种积极的学习态度。大学生只有具有了自主学习能力才可以在日常生活中关注英语，主动探索英语，端正英语学习的态度。

最后，自主学习能力不仅仅适用于大学阶段的英语学习，当学生形成自主学习的习惯时可以对他们今后的人生发展产生深远的影响。具备了自主学习能力的大学生可以对新事物产生一种好奇的态度，能够主动学习新事物，提高自身的认知能力与视野广阔度，不断完善自身，进而实现自我整体的进步与发展。

二、高校英语教学中学生自主学习能力的培养策略

高校英语教学中培养学生的自主学习能力需要教师纠正学生的错误态度，采取科学合理的措施激发学生的学习兴趣，给予学生在英语教学中的参与机会，最终塑造其自主学习的习惯。下面，笔者根据自身对相关资料的调查研究与思考，针对部分高校英语教学效率低下的情况，就培养学生的自主学习能力提出几点建议。

（一）转变大学生的英语学习态度

在高校英语教学中纠正学生对英语的错误认知是培养学生自主学习能力的基础，因此英语教师需要使大学生认识到英语的价值与意义。

一方面，高校英语教师在教学中可以时刻给学生灌输关于英语重要性的思想。如在学习新的单词时将其与学生的生活实际联系起来，使学生认识到学习英语的用处。还可以举办一些英语演讲竞赛，使学生受到激励，认识到学习英语是一件有价值的事情。另一方面，高校英语教师可以邀请一些留学生或者外教到课堂中同学生进行交流，使学生认识到自己口语方面的不足，使他们知道只有提高自己的英语水平才可以适应全球化发展趋势，满足社会发展的

要求。①

(二) 尊重学生的主体地位

高校英语教师需要转变之前传统的教学思想,使用问题探究式的教学方法引导学生自主学习,培养他们的自主学习能力。

高校英语教师在授课之前需要对教学内容有所分析与研究,选择一些具有挑战性的问题在课堂上激发学生的好奇心,让学生独立阅读教材内容,主动搜集资料并思考,尝试解答问题,最后在讲台发表自己对问题的看法和理解。这种教学模式尊重了学生的主体地位,使学生参与到教学中来,使他们在独立思考提高思维能力的同时,摆脱了对教师的依赖,初步建立起自主学习的能力。②

(三) 激发学生的自主学习兴趣

兴趣是最好的老师,是学习英语不可或缺的因素。增加符合学生自身兴趣的自主学习活动对开发他们的潜能、激发他们对学习的成就感有很大的好处。然而在传统的教学模式中,学生是知识的被动接受者.这很容易使学生丧失学习的兴趣。因此,自主学习要想取得成功,教师自己首先要改变传统的教学模式,变教师中心为学生中心,充分激发学生的兴趣,使学生更加积极地参与到课堂活动中来,从而提高学习的效果。

另外,教师还应大量开展课外学习活动,培养学生的自学钻研精神、增强自学能力,逐渐消除学生的消极依赖心理,帮助挖掘学生学习的动机,激发学生的学习兴趣,引导他们发挥主体作用,以便更好地促进英语语言的学习。

(四) 营造自主学习氛围

计算机与网络技术的迅速发展,引起了英语教育领域的深层变革,也为大学英语教学突破以课本和课堂为中心、促进学生拓展自主探索空间、改善学习方式和思维方式、培养英语自主学习能力提供了有利的物质条件,基于计算机与网络技术的英语教学新模式使教材由纸质为主的线性教材变为互动性极高的立体教材,具有内容信息量大、生动直观、图文并茂、人机交流等优势而成为大学英语教学的一种"时尚标志"。与大学英语相关的教学新模式、自主学习方式或教学改革等必然离不开网络环境或计算机技术的支持。

---

① 帅易琼. 高校英语教学中学生自主学习能力培养研究 [J]. 英语广场,2023 (27).
② 李小莉. 高校英语教学理论与实践 [M]. 延吉:延边大学出版社,2021:127.

现代科学技术如计算机、因特网以及多媒体技术在教学中的运用及普及，为大学生开展自主学习提供了良好的条件。目前，这种新教学方式虽然还处于探索阶段，但由于网络本身所具有的开放性、即时性、多样性、交互性等优点，基于网络的自主学习策略已呈现出非常广阔的前景。例如，利用特定的技术设备进行语言专项训练和查看信息资料，一方面可以检验学生实际的语言运用情况，另一方面也为学生提供了很好的自主学习机会，提高了学生的学习效率。所以，要充分利用现代科学技术改善教学环境，为学生提供各种获取英语和练习实践的机会，将有限的学习时空拓展为全方位、多途径的学习时空，从而满足不同的学习目的和学习要求的不同学生的需求，营造良好的自主学习氛围，进一步提高英语教学质量，提高学生的英语水平。

（五）传授自主学习策略

学习策略的选择和使用直接作用于英语学习的效果。学习者的学习策略主要来自两个方面：一是来自学习者在学习过程中的探索、归纳与总结；二是来自教师的学习策略教学和培训。自主学习的圆满完成需要好的学习策略做基础，学生只有正确掌握和使用学习策略，才能在英语学习中事半功倍。因此，要在有限的课堂教学时间内培养学生选择和使用适合自己的学习策略的能力，需要教师在教学活动中，不仅要注意语言知识的传授，还应根据学生的个性把学习策略的教学和培训，融入大学英语教学的各个环节中去，并做到有的放矢，从而提高大学英语教学的质量，取得好的教学效果。

一般来说，性格外向的学生善于交际，学习时喜欢表达自己的想法并积极实践。这些学生不关心语言的形式，而是对语言的实践环节具有浓厚的兴趣；而性格内向的学生更喜欢一些分析研究性的活动，更注重语言形式。

第八章　改革视野下的高校英语产出导向教学法研究

在二语学习中存在"学用分离"的现象,语言学习既注重学生的读和写,也注重学生的听与说的能力。而大部分语言学习者的听说能力不达标,这一部分人对语言学习的理论知识有了一定的掌握,但在具体实践活动中不能很好地表达出来。语言学习不仅要对课本上的理论知识进行系统学习、输入,还要让学生学会输出,更要产出。

第一节　产出导向法教学概述

一、产出导向法的提出和完善

文秋芳就是对产出导向法研究的典型代表,她借鉴了斯温(Swain)的输出假设理论,依据中国外语教学实际情况,提出了"输出驱动假设"理论,后来经过不断探索,与团队共同创建出了产出导向法。产出导向法的发展历经十几年发展才得以形成,2007—2013年,文秋芳提出了"输出驱动假设",是在"后方法时代"的背景下提出的,目的是推进英语课程改革,文秋芳(2008)在《输出驱动假设与英语专业技能课程改革》中谈到了提出输出驱动假设的目的以及在今后教改中如何运用这一理论的举措,还介绍了"输出驱动假设"与斯温的"输出假设"的区别,分别从学习者、学习环境、二者对"输出"的不同理解三个角度阐述了两个理论的不同之处。在这一时期还未形成了我们今天所看到的完整的产出导向法理论体系。[①] 至2013—2014年文秋芳又再次提出了"输出驱动—输入促成假设"。文秋芳(2014)在后期教学过程

---

① 文秋芳. 输出驱动假设与英语专业技能课程改革 [J]. 外语界, 2008 (02).

中发现"输出驱动假设"理论没有明确划定在外语教学中输出与输入的关系，导致在教学活动开展中使教师容易过于注重输出，忽视输入，从多角度考虑进行了完善与创新，并明确指出："产出任务所需要的语言形式和百科知识来源于教师提供的或者是学生自己寻找的输入材料。"① 王立松、赵一繁认为合理处理好输入与输出的关系才能提高教学质量和输出质量。② 在 2014 年，产出导向法（Production-oriented approach，简称 POA）正式命名。2015—2016 年初步构建出产出导向法的理论体系，该理论体系强调了教师在教学中的作用。文秋芳认为在教学中应培养学生各方面的能力，在不占用额外教学时间的情况下，将优秀理念思想贯穿在教学内容中，培养全能型人才。2016—2017 年产出导向法理论体系的教学假设中新增了一项以评促学。以评促学是通过"师生合作评价"的手段实现的，目的是解决在产出导向法实施过程中，学生产出任务多，教师评价任务重的问题，针对此问题创新评价方式，减轻教师教学负担，除此之外，还对产出导向法理论体系进行了补充完善。③ 2017—2018 年文秋芳及其团队再次对"产出导向法"进行了补充完善，使理论体系逐步优化。现阶段产出导向法依旧处于不断发展的阶段。

产出导向法是借鉴西方国家教学理念并结合中国教育事业的具体情况创新出来的一种新的外语教学理论体系。对我国教育事业有着巨大贡献，在国际上也有着深远影响。这也充分彰显了中国特色逐渐走上国际舞台，实现了走出去。④

二、产出导向法的教学理念

教学理念分为学习中心说、"学用一体说"和全人教育说。

产出导向法倡导的第一个教学理念是学习中心说，即在有限的课堂教学中，教学者要尽可能使得所有教学环节和活动设计服务于学生学习的参与度和有效性。学习中心说强调的是积极有效的学习过程而不是学习者个体，因此该理念挑战的是在 20 世纪 90 年代进入我国，近年来越发流行的"以学生为中心"的理念。虽然"以学生为中心"的理念打破了我国外语教学长期使用的"教师中心说"，提高了学生外语学习需求的意识，但这一理念使得教师在课

---

① 文秋芳."输出驱动—输入促成假设"：构建大学外语课堂教学理论的尝试[J].中国外语教育，2014，7（02）.
② 王立松，赵一繁.从"输出驱动—输入促成假设"看大学英语教学改革新思路.中国教育学刊，2015（S1）.
③ 文秋芳."师生合作评价"："产出导向法"创设的新评价形式[J].外语界，2016（05）.
④ 李智涛，藏玉英.国内产出导向法的研究及启示[J].昌吉学院学报，2021（4）.

堂教学中的作用边缘化，忽视了教师的专业性发挥。学校教育是一种有计划、有组织、有领导且讲究效率的教育形式。学习中心说提倡教学应完成教学目标并促进学生的有效学习。

第二个教学理念是"学用一体说"，强调的是学习和使用语言必须相结合，换言之，听、读等输入性学习和说、写、译等产出活动要紧密结合，相互促进。该理念的目的是改变我国、输入为主以及自上而下的外语教学现状，克服"学用分离"的弊端。目前，外语课堂教学一般包括四个步骤，首先通过"热身"激发学习者的背景知识，然后通过略读了解课文大意，接着分析文章结构脉络和主题思想，最后通过阅读理解学习重点词汇和语言难点。"学用一体说"主张将外语学习和运用融为一体，通过学习课文促进实际产出任务的完成。

最后一个教学理念是全人教育说，由于语言教育要注重人的全面发展，强调英语教学不但要实现工具性的目标，而且需要人文性的教学目标。

三、产出导向法的教学流程

"产出导向法"理论体系的教学流程是以教师为中介的，包含驱动、促成和评价三个阶段，其中介作用又表现为引领、设计和支架作用。

在驱动环节，教师描述相关交际场景，在学生尝试进行产出活动后，教师要表明教学目标和产出任务；在促成环节中，教师详细解释产出任务，将复杂的产出任务分成若干子任务并为学生提供促成产出的输入材料，学生在教师的指导和检查下通过听、读进行选择性学习输入材料，再根据上述学习结果练习产出；最后是评价环节，师生共同制定评价标准，在学生上交产出成果后，分别进行课上和课下的师生合作评价。

第二节　产出导向法在高校英语教学中的价值

一、提高学生学习的内驱力

在传统"大学英语"教学模式下，教师一味注重教学内容生产，却未关注学生在此过程中有无收获，也未关注学生的内容输出。产出导向法更加注重教学效果，强调将学生所学知识内容转化为某种学习成果。其中驱动部分主要通过强化学生动力，帮助学生养成良好的自主学习习惯，帮助学生深入认识"大学英语"教学价值所在，并非无效的学习过程，而是能够赋予自身知识与技能的实用性课程。然而，值得注意的是，这里所提"实用性"并非产出导向法驱动部分的出发点与落脚点，产出导向法驱动部分意在通过增加实用元素来有效提高学生的英语学习驱动力。在整个"大学英语"教学过程中，教师必须明确教学目标与探究方向，学生同样需要深入思考并探究英语知识技能获取路径，从而养成自主学习性，并在后续英语学习过程中实现有效认知。

二、提高学生学习目标的达成率

在此阶段，教师必须充分发挥自身指导与促成作用，与学生建立合作关系，帮助学生更好地掌握英语理论知识与沟通技能，从而实现个人英语学习目标。产出导向法的应用成功解除了传统灌输式的英语教学模式弊端，不再以教师为中心，与此同时，也为以学生为中心的教学模式增添了逻辑可行性。在基于产出导向法的"大学英语"教学过程中，师生双方成为合作者，能够顺利进行沟通与交流，教师能够在尊重学生个体差异与学习特点的基础上，充分发挥自身专业优势，帮助学生解决学习过程中所遇问题，并为学生提供行之有效的学习建议。

三、完善大学英语教学评价体系

产出导向法在大学英语教学评价环节同样具备显著优势，具体表现为完善评价体系的建立。产出导向法基于丰富的语言学习成果构建"大学英语"评价体系，在驱动阶段与学习合作阶段即面向学生提出一定语言学习产出要求，能够更好地检验学生"大学英语"口译成果与笔译成果。此外，这种优势的受益群体并不局限于英语专业学生，即便是其他专业学生，也同样能够在学习"大学英语"课程过程中练就良好的口译与笔译能力，至少能够尝试进行深层次学习。[1]

---

[1] 刘应红. 基于产出导向法的"大学英语"教学方法探究［J］. 教育教学论坛，2023（37）.

第三节 "产出导向法"视域下的高校英语教学探索

一、"产出导向法"视域下的高校英语听说教学探索

笔者基于"产出导向法"外语教学理论,以本校大一学生为研究对象,开展了为期两个学期的大学英语视听说课程教学改革。该课程每两周上一次课(90 min),每学期学时数为12学时,共6次课,分别完成新世纪大学英语系列教材(第二版)视听说教程1、2的12个单元的教学任务,涉及12个不同的主题。接下来,笔者就视听说课程中某一个单元的教学流程进行说明,呈现POA指导下的大学英语视听说课程的教学策略。

以新世纪大学英语(第二版)视听说教程1第一单元"New friends, New faces"为例。教学流程如下:(1)向学生呈现真实交际场景。在此步骤中,交际场景需由教师提前设计,真实交际场景指"对未来可能发生的事情的描述",应涵盖以下四要素:话题、目的、身份、场合。在以上原则的指导下,教师可设计如下场景:大学毕业后进入外资公司工作,用英语向外国同事作自我介绍。(2)学生尝试用英文作自我介绍。在学生尝试的过程中,笔者发现,这样看似简单、平常的产出任务对于学生来说并非易事。(3)教师说明本单元学习目标和产出任务,即能听懂他人的英文自我介绍,能用英文作适当的自我介绍。经过一番尝试后,学生发现了自己产出的不足之处,明确了本单元的学习目标,增强了学习动力。(4)教师描述英文自我介绍这一产出任务,向学生清晰地说明用英语完成自我介绍需经历以下几个步骤:①内容促成:概括自身情况,如基本信息、性格、专业特长、兴趣爱好等;②语言促成:从听力活动中摘录描述个人信息、性格特征、专业、兴趣等词汇、短语及句型;③话语结构促成:从听力练习中提炼自我介绍话语结构,并进行仿说练习。(5)教师有选择地进行教材中的听力材料输入,为学生完成英语自我介绍这一产出任务提供所需的内容、语言形式及话语结构。由于"单纯的输入活动难以促成产出任务的完成,语言产出能力必须依靠产出性练习获得",[1] 学生在此活动中,应学一点用一点,边学边用。(6)学生在完成步骤5中若干练习活动

---

[1] 邱琳."产出导向法"促成环节设计标准例析[J].外语教育研究前沿,2020,3(2).

后两两组队，就英语自我介绍进行演练，之后，教师随机检查学生的产出情况。(7) 教师从产出内容、语言及话语结构等方面给出即时评价，并进行推优示范。

值得注意的是，在设计产出任务时，教师应紧密结合学生实际情况，呈现紧贴学生未来生活、学习和工作等可能发生的真实交际场景，所设计的产出任务应当涵盖"话题、目的、身份、场合"四要素，而且该交际任务一定是学生"跳一跳，能够到"的。在现代信息技术的支持下，教师可以将上述前三个步骤录制为微课，安排学生课前学习，为课堂教学留出时间。在选择性地进行教材中的听力材料输入时，教师应结合学生的英语听力水平，密切围绕教学目标及产出任务，精心挑选输入内容，设计促成活动，让学生进行听力训练的同时，运用从听力材料中习得的内容、语言及结构进行口语练习，边学边用，循序渐进地促成产出任务。在评价方面，教师可根据实际教学情况给予即时评价和延时评价，而且评价应贯穿整个教学流程，只要有学生练习，教师均应给予针对性评价，以便学生及时纠正。①

二、"产出导向法"视域下的高校英语读写教学

近年来，为进一步完善和优化大学英语教学质量，许多高校都在积极探索具体的改革方向和策略，逐渐引入产出导向法这种新型教学方式，但由于缺乏具体的操作经验，可能会影响教学改革的整体进程。因此，应加强对产出导向法的研究，结合实际情况探讨具体的教学策略。

（一）明确教学目标

在运用产出导向法的初始阶段，首先，教师要明确产出目标，具体可以分为交际目标和语言目标两种类型，根据这两种形式设置相应的教学目标，再细化到具体的课程内容中。

（二）丰富教学内容

在运用产出导向法的过程中，教师要根据前期所制订的教学目标，对教材内容适当改编，目的是整理难点信息和关键的知识，让学生进行有效的阅读，并在规定时间内完成教师所制订的任务，这种方式有利于提高课堂效率。

---

① 卢斐. 基于产出导向法的大学英语听说教学研究 [J]. 创新创业理论研究与实践, 2023 (22).

(三) 改革教学方法

产出导向法是对传统英语教学方法的重要改革，能够借助促成环节，引导学生跟上教师的课堂节奏，并根据学生的能力和水平搭建完善的知识框架，了解学生水平和需求之间存在的差距，对任务进行合理的分解，通过课堂学习和课堂锻炼的有机结合，帮助学生全面理解和掌握知识。在改革教学方法的过程中，教师需要明确及合理调整各个环节的时长，确保学生能够按时完成相应的学习任务。在目标设计完成后，要督促学生及时完成不同阶段的任务，学生才能掌握章节的主要内容和知识。

(四) 完善教学评价

在运用产出导向法的过程中，最后一个环节就是教学评价，主要是在教师的引领下，对整个教学过程以及各个环节的实施情况进行总体评估，将评价工作贯穿于整个教学过程中。首先，学生需要针对教师所教学的内容进行评价。其次，学生围绕典型问题进行讨论，同时还可以展示学生的优秀作品，采用这种评价方法有利于回归课程重心。最后，采取学生之间的同伴评价和自我评价方式，对自身在课堂中的表现情况进行回顾，还要对教师的教学方法和教学情况进行评估。这样不仅有利于教师收集各种反馈信息和建议，并对之后的教学方法和策略进行完善和调整，而且有利于学生根据教材内容中所呈现的"teaching tip"对教师产生正向的促进作用，共同完成学习任务的产出。[①]

三、"产出导向法"视域下的高校英语翻译教学探索

本研究在文秋芳教授设计的产出导向法理论体系的指导下，结合产出导向法的基本操作流程和大学英语翻译教学实际经验，构建了基于产出导向法理论的大学英语翻译教学模式。该模式主要涵盖三个主要部分，即产出驱动、产出促成和产出评价，最终目的是通过产出驱动和产出评价完成产出促成。该模式要求教师贯穿整个产出过程，并在其中起到中介、材料选择和引导的作用。

(一) 产出驱动

产出驱动主要是指教师在教学之前激发学生产出的欲望，这需要教师在课前为学生的产出促成做好充分的准备。在产出导向法理论指导下，大学英语翻

[①] 姬云鹏. 基于产出导向法的大学英语读写教学实践探讨 [J]. 教育教学论坛, 2023 (25).

译教学中的产出驱动主要包括翻译教学材料筛选、翻译教学方法选择及产出驱动任务构建三个部分。

1. 翻译教学材料筛选

翻译教学材料筛选是促成学生翻译产出的客观前提，是实现翻译教学目标的基础。此处主要选择大学英语翻译教材内容、全国大学英语四级考试翻译真题及学生所在专业相关的翻译素材，并以全国大学英语四级考试翻译真题为主，以大学英语翻译教材内容为辅，以学生所在专业翻译素材为补充。

首先，全国大学英语四级考试是学生大学期间较为重要的考试项目，是学生获得在校荣誉及为未来就业提供支撑的重要参考。因此，选择大学英语四级考试翻译真题作为主要教学材料有利于激发学生翻译学习的内在动机，符合产出导向法理论提出的内部驱动力的获得有利于学生学习积极性提升的原则。

其次，选择大学英语翻译教材内容为辅的主要原因在于大学英语教材内容丰富多样，教材的设计与编写依托于非英语专业大学生的实际英语水平，有助于学生树立学习翻译知识的信心，调动学生学习的积极性。

最后，课程通过为学生提供所在专业相关英语翻译题材，为学生英语翻译的学习注入动力。

2. 翻译教学方法选择

首先，理论是基石。翻译理论是进行翻译实践的基础，只有掌握一定的理论知识，学生在开展翻译实践时才能做到有理可循、有据可依，才能不断保持翻译学习的动力。教师要明确如何将基础理论知识的学习融入大学英语翻译教学，而不是一味地灌输理论知识。

其次，翻译实践是提升翻译能力的必经之路。学生只有不断实践和反思，才能逐渐理解源语和目的语之间的语言差异和文化差异。因此，教师要注重引导学生进行恰当的翻译实践，在翻译题材、句型、词汇等选择方面要注意难度的把握，要懂得创设结合学生的生活实际及未来发展的真实情境。

3. 产出驱动任务构建

产出驱动任务构建主要是指教师进行大学英语翻译教学时的具体规划，在大学英语翻译教学过程中起到全局性和关键性的作用，贯穿学生产出活动的各个环节。

按照产出导向法理论，产出驱动任务的构建需要将较为复杂的教学任务逐步分解成若干个小任务，以此满足学生输入知识简易化的需求，增强学生学习的信心。教师可以根据学生接受翻译知识输入的特点，有目的地将产出任务进行分解。分解的主要依据如下。

（1）教师在进行翻译教学活动之前要制订明确的翻译产出目标，包括知识目标、能力目标及情感目标。

（2）教师可以提供相关话题的翻译常用词汇和句型及翻译例句的分析方法等，引导学生提前自主学习，促进学生熟悉翻译题材的特点、表达架构和翻译标准。

（3）教师通过选定翻译话题或题材引导学生进行自主翻译实践，为之后的课堂教学做好准备。

（二）产出促成

产出促成是指教师在说明产出任务之后向学生提供可供选择的输入性材料，同时引导学生根据材料有针对性地进行学习，并利用确定的材料尝试完成产出。此过程需要教师根据不同学生的不同产出尝试给予有针对性的指导。

教师需要对产出任务进行较为完整的描述，帮助学生了解翻译产出任务，同时将整个产出任务分解成若干个子任务，尽可能缩小学生各个子产出同选择性输入之间的差距，降低产出难度。在此过程中，教师可以将整个翻译产出任务分解为词汇促成、句型促成和篇章促成三个部分。

在词汇促成部分，教师可以向学生介绍词汇的常用表达，并重点介绍常用的词汇翻译方法，如词性转换、增词或减词等。在句型促成部分，教师可以通过搭"脚手架"的方式帮助学生产出促成，如可以通过翻译记忆练习、其他关联练习等帮助学生完成产出任务的促成。在篇章促成环节，教师可以通过教授学生篇章连接的方法促成学生完成篇章产出任务。此过程中学生需要进行选择性输入，教师则根据学生的翻译内容指导学生进行适当的输入调整。在此基础上，学生根据具体的翻译内容和教师呈现的输入性材料尝试翻译产出和展示，教师对学生的产出尝试给予评价。①

---

① 方媛. 产出导向法在大学英语翻译教学中的应用 [J]. 教育观察，2020，9（38）.

第九章　改革视野下的高校英语翻转课堂教学法研究

翻转课堂是一种相对比较新颖的教学模式，受到了师生的欢迎。本章首先分析了翻转课堂教学的相关基础性知识，接着进一步探讨了高校英语教学中应用翻转课堂的意义，论述了翻转课堂在高效英语教学中实施的影响因素以及翻转课堂应用于高校英语教学存在的问题，最后详细地研究了高校英语教学中应用翻转课堂教学的策略等相关的内容。

第一节　翻转课堂教学概述

一、翻转课堂教学的内涵

信息技术的高速发展为教学模式的创新提供了可能，翻转课堂教学模式就是在这种背景下应运而生的。① 翻转课堂也称作颠倒课堂，它是相对于常规课堂教学而言的。传统的教学模式是教师在课堂上讲课，然后布置家庭作业，让学生回家练习。与传统的课堂教学模式不同，在翻转课堂的教学模式下，学生在家完成知识的学习，课堂成为教师和学生之间以及学生与学生之间互动的场所，包括答疑解惑、知识的运用等，课堂因此变为学生消化知识的场所，从而达到更好的教学效果。传统教学过程通常包括知识传授和知识内化两个阶段。其中知识传授是通过教师在课堂中的讲授来完成，知识内化则需要学生在课后通过作业、操作或者实践来完成。在翻转课堂上，这种形式受到了颠覆，知识传授通过信息技术的辅助在课前完成，知识内化则在课堂中经过教师的帮助与同学的协助而完成，从而形成了翻转课堂。随着教学过程的颠倒，课堂学习过

---

① 周鑫燚，王慧. 大学智慧课堂 [M]. 成都：四川教育出版社，2022：117.

程中的各个环节也随之发生了变化。

翻转课堂的基本流程如下：教师制作教学视频及相关练习并上传网络、学生课前自主学习教学视频及相关练习、课堂教学活动的实施（师生、生生之间交流难点、疑点，在课堂上共同完成作业并练习知识）、教学效果评价和反馈。

二、翻转课堂教学的特征

（一）教师角色发生转变

首先，教师由传统课堂上知识的传授者变成了学习的促进者和指导者。教师不再是课堂的主宰，课堂也不再是教师的一言堂。学生的主体地位在翻转课堂中得到了充分体现，而教师的主导地位并没有被削弱，反而被加强。教师要熟练地掌握一些学习活动的组织策略，如基于问题的学习、基于项目的学习、小组学习、游戏化学习、角色扮演等。其次，教师由教学内容的传递者转变为视频资源的设计开发者以及相关教育资源的提供者。在课前教师需要向学生提供必要的资源，如相关知识讲解的教学视频、教学课件、其他网络资源等，以便于学生对所学知识有较充分的了解。当学生需要帮助时，教师便会向他们提供必要的支持。因此，教师成了学生便捷地获取资源、利用资源、处理信息、应用知识到真实情景中的辅助者。

（二）学生角色发生转变

在翻转课堂教学模式下的个性化学习中，学生成为自定步调的学生，他们可以自主对学习时间、学习地点进行选择，也可以控制学习的内容等。学生是整个学习过程的主角，不再是传统课堂上被动的知识接受者。学生在课堂上通过小组学习和协作学习等形式来完成对所学知识的理解和吸收。学生由之前完全的知识消费者转变成了知识生产者，掌握比较快的学生可以帮助没有掌握的学生进行学习，承担教师"教"的角色。

（三）课堂时间被重新分配

在课堂中减少教师的讲授时间，留给学生更多的学习活动时间是翻转课堂的又一核心特点。这些学习活动应该基于现实生活中的真实情境，并且能够让学生在交互协作中完成学习的任务。翻转课堂将原来课堂讲授的内容转移到课下，在不减少基本知识展示量的基础上，增强课堂中学生的交互性。最终，该转变将提高学生对于知识的理解程度。此外，当教师进行基于绩效的评价时，课堂中的交互性就会变得更加有效。

学习是人类最有价值的活动之一，时间是所有学习活动最基本的要素。充足的时间与高效率的学习是提高学习成绩的关键因素。翻转课堂通过将"预习时间"最大化来完成对教与学时间的延长，其关键之处在于教师需要认真考虑如何利用课堂上的时间，来完成课堂时间的高效化。

（四）"翻转"增加了学习中的互动

翻转课堂大大地提升了课堂上教师与学生以及学生与学生之间的互动。学生通过教学视频对即将要学的课程进行了一定程度的深度学习，在课堂上主要是学生提问、教师解答和学生之间进行讨论交流等。这充分提升了学生在课堂上的主人翁意识，使其能够积极地参与到学习过程中。当教师进行评价时，课堂中的交互性就会变得更加有效。根据教师的评价反馈，学生将更加客观地了解自己的学习情况，更好地控制自己的学习。

第二节 高校英语教学中应用翻转课堂的意义

一、有利于学生扎实掌握英语知识

在传统的英语教学模式中，由于课堂时间的限制，教师很难在有限的时间内教授所有教学内容，学生只有少量时间开展独立思考活动。此外，学生学习能力存在差别，其对知识掌握程度也有所不同，教师很难对学生的掌握程度进行整体掌握，长时间发展下去，学习成绩之间的差距就会更加明显。通过翻转课堂模式的运用，学生能够自主掌握学习进度，还可以对教学视频进行多次观看，进而对相关知识内容进行巩固。针对所存在的问题，学生可以利用在线形式与教师和其他学生开展交流与讨论活动，进而减少知识盲点，强化其对知识内容的掌握。

二、有利于实现师生之间的互动

利用课余时间，教师能够将有关英语资料发送给学生，并与企业适当开展相关交流与沟通活动，这样能够对师生课后的沟通起到一定的强化作用。利用课堂时间，学生能够采用小组形式开展相关讨论活动，针对学习中所存在的各种问题，求助于教师进行解答。这样能够使学生充分意识到教师的平易近人，进而拉近师生之间的距离，增强师生之间的交流与互动。与此同时，在与学生开展相关交流活动的过程中，英语教师还能够对学生学习中所存在的问题进行了解，进而对学生的性格特点进行掌握。这样能够帮助教师对学生进行进一步了解，并针对性地对相关教学方案做出调整，在提高课堂教学效率的同时还能够使师生互动更加频繁，进而形成民主、融洽、和谐的新型师生关系。

三、有利于英语高效课堂的建设

与传统教学模式有所不同，翻转课堂模式的灵活性与开放性更加突出。利用在线学习形式能够调动起学生的学习兴趣。通过在线互动与讨论活动，能够促使教师与学生共同对学习难题进行解决，促使学生学习氛围变得更加浓厚。对于知识掌握速度不快的学生而言，通过对视频讲解内容进行多次观看，可以对课堂知识内容进行掌握，进而实现学生学习自信心的提升。针对在线学习未解决的难题，教师可以利用课堂时间继续开展讲解与讨论活动。这样能够显著提高学生学习的积极性与主动性，帮助学生能够将自身见解充分表达出来，进而对浓郁的学习环境进行创设，推动高校课堂建设活动的顺利开展。[①]

第三节　翻转课堂在高效英语教学中实施的影响因素

一、学习者因素

翻转课堂教学模式要求学生利用网络自主获取相应的课程资源视频进行自主学习，随后通过课上的讨论来实现对新内容的更深入理解与掌控。翻转课题教学模式将以往课堂中的词汇知识点学习和文章内容预习的要求放在了自主学习阶段，学生的自主学习能力决定着这一阶段的最终成效。由于每名学生的自律性不同，所以将导致自主学习的效果存在较大的差异。通常大学阶段的学生在心理与生理上都达到了一定的成熟，有着较强的自控能力，但是我国学生的学习方式从基础教育开始多是在教师的带领下进行的，课堂教学方式采用的是讲授—接受—理解式，而非自主学习—讨论—理解式。传统教学中形成的习惯

---

① 常峥．高校英语教学中翻转课堂教学模式的应用［J］．科教导刊，2020（10）．

让很多的大学生在翻转课堂教学模式中产生了不适应的情况。在翻转课堂模式下只有个别自学能力较强的学生学习成效较高，而大部分学生的学习成效却并不佳，更有的学生原本就不活跃反而变得逐渐边缘化，课上知识不能够完全的接受，要课下自学弥补。翻转课堂英语教学在无形中变成了学生的自学课。

高校英语课堂中引入翻转课堂教学模式在理论层次上是顺应时代发展需求以及生活特点，有利于培养学生良好的自学习惯。但是，学生自身英语储备水平的不同，将直接导致学生英语语言的学习以及最终的学习效果出现截然不同的现象。所以，翻转课堂教学模式的引入需要充分考虑学生的实际情况，从学生的实际发展角度出发进行因材施教，充分体现个性化教学，满足学生的个性需求，而并不是简单的课堂师生角色的互换或授课顺序颠倒。

二、教师因素

随着时代的发展，高校英语课堂已由传统的三要素（教师、学生、教材）向四要素（教师、学生、教学内容、教学媒体）转变。在新的四要素体系当中，师生通过讨论答疑来实现对新教学内容的掌握与学习，课堂中师生的互动凭借教学问题来推进，在这一体系中教师的因素亦显得至关重要。教师除了要承担传统的教学职责，同时是学生学习的引导者，引导学生明确自己的学习目标，并学会找到适宜的学习材料，满足自身实际需求，逐步提升学习成效。在翻转后的课堂中，教师角色转变成整个课堂中的教学活动的组织者、知识传授者以及解惑答疑者，而不再仅仅是课堂教学中的知识宣讲者。

高校英语课堂之中引入翻转教学模式，教师首先要了解翻转课堂教学模式运用的要点，认知该模式的精髓——课堂教学翻转旨在通过师生的对话与质疑、探讨与解决来审核所学知识，拓展自身的思维认知。在这样的教学模式中，对于基础知识的预习工作变成了学生自主学习的内容，需要学生提前做好这些工作，对于课堂组织方面。教师则需要依据学生的实际情况制定预设内容，保证所涉及的教学内容符合学生实际情况，并且难易适中。

在任何形式的授课中，教师个人的素质都对教学效果有着直接的影响。在翻转课堂中，教师负责设计课堂讨论内容，并且负责维持课堂正常进行的秩序。另外，对于学生的讨论内容教师要适当地做好引导工作，扮演好组织者角色。师生之间虽然有着"闻道有先后，术业有专攻"的差别，但在课堂讨论中应当是"师不必强于弟子，而弟子不必不如师"。教师所参与的讨论话题应该是大多数学生参与到其中的问题，而不是个别人的单独交流。教师应有能力根据教学内容设计出与其相适应的教学模式，并能够科学合理地应用各种教学模式，并熟知各种教学模式的优缺点以及自身在教学模式当中的实际作用价值，只有这样才可以保证最佳的教学效果。另外，要想更好地上好英语这门课，教师亦应该不断努力深造学习，拓宽自己的知识面，只有这样才可以保证在翻转课堂上为学生更好地答疑解惑。此外，在翻转课堂教学中，教师要做好对于学生学习的引导工作，并对学生讨论的结果予以正确的点评和总结，正确认识翻转课堂教学的引入目的，即它是为了更好地提升英语课堂的教学效果，提升学生的英语学习效果。所以，在翻转课堂之中，教师要为学生创造更多的课堂交流机会，通过多样化的提问、鼓励或点评引领学生更好地学习。

三、评价考核因素

课堂翻转之后的最终考核仍然需要进行考试测评，考试一直都是作为衡量考核学生学习情况的一个重要标准。翻转课堂的运用虽说实现了形式上的突破与创新，但是最终的结果还是没能摆脱考试衡量这一标准，这也成了很多新教学模式的发展难点。翻转课堂教学模式也面临相同的问题，这让很多学生在翻转课堂之中的学习成效不如传统教学模式中的学习。所以，要想更好地发挥翻转课堂的教学效果，制定新的评测标准是提升翻转课堂教学效果的重要的条件之一。

四、教学目标因素

在高校英语教育过程中应着重培养学生的英语综合素质能力，尤其是听说方面的实践应用能力。教师要让学生切实地掌握这门语言，并能够在日后的工作与生活中自如地运用英语进行沟通与交流。让学生形成良好自主学习能力，并能够在未来不断地吸收与学习英语新知识，丰富自身知识体系，以应对未来日益激烈的社会发展。

英语作为一门人文类型学科，其肩负着培养学生良好语言使用能力的责任。教师要让学生切实地掌握一门第二语言，要让学生学会正确的语言使用与沟通的方式，强化学生的跨文化意识，提升学生的跨文化能力等。这些能力是需要学生在长期的熏陶下才逐步形成的能力。这就需要教师在课上做有意识的引导，需要学生在课下主动的阅读探究才会形成。而这一点正与翻转课堂教学模式的培养目标相吻合，翻转课堂教学形式意图是通过课上学生的讨论与交流来解决自己自学时所遇到的问题，同时深化对这些知识的掌握，培养学生主动探究的能力以及对英语学习的客观分析能力，让学生形成更为广阔的知识文化视野，同时锻炼出良好的问题处理能力。但如果教师在英语课堂之中运用翻转课堂更多地关注其教学形式，而没有看到其更深远的目标内涵，翻转课堂教学的实施则丧失其本身的价值,更谈不上对学生能力的培养。

在高校英语课堂教学之中,培养学生对语法词汇和听说读写等方面的基本语文运用能力是相对较为容易地达到的目标,并且能够在短时间内获取明显的效果。另外,由于课程教学时数的限制等因素,让英语教学的另一目标——学生跨文化交际与思维能力的培养产生难度。教学目标的制定与实施如果不能落实到位,那么一切教学模式、教学方法的实施都将流于形式,丧失教学实施的意义。翻转课堂教学模式的实施应树立明确的教学目标,将知识传播和学生的跨文化意识、文化适应分析能力和交际实践等能力融入教学培养的重要目标,让其能够更好地发挥教学辅助的功能,并有明确的课程实施目标。

第四节 翻转课堂应用于高校英语教学存在的问题

一、师生间缺乏有效的沟通交流

虽然部分高校的英语教学模式已经采用了翻转课堂教学模式,但传统的教学模式已经在学生间根深蒂固。教师曲解了翻转课堂视频授课的教学理念,以为将教学视频制作、上传、学生自行下载预习、探索知识,在课堂上答疑就完成了其教学的所有内容。但实际上,学生对于观看视频理解课堂知识的学习方式并不能全部吸收,课堂答疑时更不能有效沟通自己的问题所在。所以,在应用这种教学模式的同时,教师还需要对学生的学习进度、学习情况进行摸底,了解所传视频内容是否与学生当前的学习进度、学习内容相符,否则容易出现与学生沟通不顺畅等问题。[①]

二、学生学习完全依赖视频内容

高校对于翻转课堂的教学模式应用的同时,有些教师不会刻意引导学生自行学习教学视频,而一部分学生本身的自律能力较差,其英语基础知识也处于薄弱的环节,所以观看视频不足以将这部分学生的英语水平提高。相反,在课余时间观看视频对于学生来说无法挖掘出视频中的教育重点,长期处于这种教学模式中会让学生失去学习英语的欲望。造成这样的原因主要是由于教师完全

---

① 杨晓斐.高校英语教学中翻转课堂教学策略[J].教育现代化,2019(3).

依赖于翻转课堂中所阐述的理想教学模式，所有学习内容均处于课外时间，课堂用来答疑解惑，忽略了学生的惰性，疏于对学生科学性的引导。这不能有效帮助学生自行完成学习内容，导致这部分学生无法提升学习能力，相反还会在此类教学模式中导致学生学习能力的降低。

三、翻转课堂的教学理念与思路狭窄单一

一些高校的英语教师在开展英语课程教学时，其教学理念还停留在传统教学阶段，其教学方案的制定与安排较为单一落后，教学的思路过于狭窄。这导致高校英语教学工作未能高效开展与进行，影响了教学效果的呈现与发挥。同时，英语教师利用翻转课堂教学模式时，由于缺乏对翻转课堂教学模式应用原理、效果等的了解与掌握，在制作英语课程教学课件、视频等教学资料时容易出现以偏概全的问题，致使教学重点与核心无法凸显，教学规划与设计有失科学，这不利于高校英语教学整体水平的提升。

四、忽视了学生的教学主体性地位

在当前高校的英语翻转课堂教学模式下，一些教师忽视了学生的主体性地位，学生在学习英语知识的过程中所呈现出来的学习积极性与自主性不足。在翻转课堂教学模式下，遇到很多学习中的困难与问题无法及时解决，反而会影响英语课程的教学效果。因此，英语教师必须尊重学生的教学主体性地位，通过师生、生生互动来提升学生学习与探究英语知识的能力，使学生英语核心素养得到更好的提升。

五、英语翻转课堂师资力量薄弱

运用翻转课堂教学模式需要教师具备一定的教学能力与专业素养。高校英语实际教学活动中应用翻转课堂教学模式，教师要重视自身角色与地位的转变，引导与帮助学生积极地去发现、分析与解决问题，并通过收集、整理更多的教学资源与信息来丰富教学内容。以此来更好地拓展学生的思维，开阔学生的视野。但是由于很多高校的师资力量水平有限，整体师资力量较为薄弱，在翻转课堂教学模式的利用上存在局限性，一些教师的专业教学能力与业务水平不足，直接或者间接地影响了翻转课堂教学模式的合理应用，影响了课堂教学效果的提升。[1]

---

[1] 桂平.高校英语教学应用翻转课堂教学模式探讨[J].亚太教育，2021（23）.

第五节　高校英语教学中应用翻转课堂教学的策略

一、教学层面的策略

（一）设计多元化的英语问题

翻转课堂的教学重点就是要充分利用学生课上和课下的时间，在课上时间内，教师能够对学生的学习内容进行引导。课下虽然有对应的教学视频需要学生进行学习，但大多是比较单一的知识点，或是预习的视频，对学生巩固课上学习的内容帮助不大。而学生往往由于缺乏学习自主性并且不能够针对所学内容构建合理的知识体系无法合理地利用课下时间，这就需要教师为学生准备一些多元化的问题。在进行备课时，教师可以准备一些简单的问题或是对话情景让学生能够在课上准备并回答，也能够调动学生的积极性。另外，准备一些综合性比较强的问题让学生课下完成，不管是小组内进行情景展示还是综合性地进行文章续写等，根据学生不同的知识基础来设计问题。这样也能够让学生在课下复习时更加具有目的性，而且也能够帮助学生理解课上学的内容要怎么合理地进行应用。学生在针对教师提出的问题进行解答时也能够充分地发挥自己的创新思维，培养学生的英语思维，在不断地实践过程中提高学生的语言表达能力，进而提升学生的英语素养。[1]

（二）重视翻转课堂教学的有效应用

高校英语教师在利用翻转课堂教学模式辅助英语课程教学时，必须要不断解放思想，结合当前高校英语教学的实际现状，不断转变与优化教学思路，强化翻转课堂教学模式应用的有效性。并且要规范与优化英语翻转课堂教学方案与计划，合理安排英语翻转教学的课时与内容，凸显英语教学的重点与难点，培养学生自主学习英语知识的兴趣与动力，促进高校英语教学工作更加有序地开展与进行。同时，教师在制作英语翻转教学视频或者课件时也要结合英语实际教学内容与教学大纲，围绕英语教学目标与育才标准，从网络收集与筛选更

---

[1] 徐熙君. 高校英语翻转课堂教学探索［J］. 产业与科技论坛，2020，19（24）.

多适合高校大学生学习与成长的应用知识与内容,科学合理地制定英语翻转课堂教学方案,给学生提供更多的机会与空间来学习与掌握英语教学知识,促进英语教学的灵活性得到更好提升,为英语的高效教学奠定坚实的基础。

(三)使英语翻转课堂教学内容多元化

除了要加强学生的基础知识训练,教师还应重视学生在英语方面的运用能力,将听说读写等基本内容在翻转课堂实践中结合。例如,教师在教学生学习有关友谊的话题时,可以通过放一些有关友谊对话的录音,培养学生的感知能力,并对录音解释友谊的含义。随后根据学生自己所理解的友谊含义将对话进行改编,保持人物和发展故事背景不变,拓展出一篇英文短文,然后进行评比。此外,教师还可以通过情境创设,让学生感受西方文化的深刻内涵,实现跨国界交流。例如,许多学生崇尚过万圣节或者圣诞节,却不理解它的来源与内容,教师可以亲自进行课堂演练,用实物充当学习道具,让学生亲自感受西方节日的氛围,并通过教师的讲解使学生在学到英语知识的同时品味英语文化。

(四)翻转课堂教学中融入游戏化学习理念

教育的本质在于学习成效以及学生自身能感受到的成长。由于一些刚上大学的学生对于翻转课堂教学模式的认识不够深入,且对于英语学习存在较大抵触性。所以,融入游戏化学习理念就希望学生能够轻松、愉快学习英语。游戏式英语课堂主要会用不同的游戏活动,为学生创造更加有趣的语言使用环境,而学生也将在不知不觉的状况下学会并运用英语语言。

二、教师和学生层面的策略

(一)充分尊重学生的主体性地位

高校在开展英语教学活动时,教师要重视翻转课堂教学模式的合理利用,并对学生的教学主体性地位予以充分尊重与重视。翻转课堂教学课件与视频的制作要结合学生的主体性与个性化特征进行优化与创新,吸引与激发学生学习的兴趣与动力,推动英语教学活动更好地组织与开展。同时,教师在创新英语翻转课堂教学模式、拓宽教学路径的过程中也要多给学生创造机会进行自主学习与探究英语知识,围绕教学重点设计与丰富翻转课堂教学形式与素材,增强学生自主学习的能动性与趣味性。在课堂上,教师要引导学生发现与提出问题，表达自己的意见或者见解，给予每个学生表达自己与阐述问题的机会，激活课堂教学氛围，拉近师生与生生之间的距离，更好地提高英语翻转课堂教学的实效性。

(二) 培养师资团队并壮大师资力量

在运用翻转课堂开展英语教学时，教师的作用与价值是不可估量的，教师能力与素养的高低直接影响翻转课堂教学的品质与效率。因此，高校要重视师资团队的培养与壮大，定期且持续开展教育培训，加大对教师的培训力度，着力提升高校教师的教学能力与专业素养，使教师能够更好地驾驭翻转课堂教学模式辅助与推动英语课堂教学活动的有序开展。同时，高校英语教师自身也要不断转变发展思路，秉承终身学习的理念，结合时代的发展趋势与教育领域的改革方向，在英语教学领域学习与实践，科学全面地掌握翻转课堂教学模式应用的方法与技巧。从而有效地利用翻转课堂教学模式来丰富、辅助与拓展英语教学，推动高校英语教学效率、品质与水平的全面提升。

(三) 明确教师的课堂角色和位置

在高校英语课堂教学中，为了更好地发挥出翻转课堂教学模式的作用，教师要明确自身的课堂地位，找准教师扮演的角色。翻转课堂教学主要依靠信息技术手段完成教学，在实际教学中不需要教师开展过多的口头教学，教师只作为引导者和参与者出现在课堂上，陪学生一同完成学习任务。整个翻转课堂的教学都应该以学生为主导，教师要正确认清自己的位置，积极调整翻转课堂教学理念，破除传统教学的落后思想。首先，在实际英语教学中，教师作为教育活动的引导者不能独占课堂的话语权，要保持与学生站在平等的高度，一起完成知识的学习，实现资源共享。其次，为了取得良好的英语教学效果，教师要深入学生群体中，与学生保持良好的交流关系，了解学生的学习状况和实际需求，尊重每一位学生的个体差异，尽可能地通过培训等多种教育方式提升高校学生的核心素养。

(四) 建立良好的师生沟通平台

随着我国互联网技术的不断发展，计算机在我国教育领域中得到了全面普及，给现代教育带来了全新的机遇。首先，在这一背景下，高校英语教学必须紧跟时代的发展步伐，积极引入以互联网技术为基础的翻转课堂教学模式，培养全校师生的互联网理念，激发学生自主制作英语教学视频的兴趣，从而培养良好的自学与探索能力。其次，在实际教学中，教师应该通过互联网技术构建良好的师生交流平台,拉近师生之间的距离,使之能够站在平等的位置进行沟通和交流,帮助学生更好地解决问题。此外,教师还要不断提高自身的信息化水平,更加科学地设计翻转课堂教学内容,保障在与学生交流时可以了解学生们的实际需求,从而更好地设置教学内容,全面为高校英语课堂教学水平的提升探究新的路径。

(五)提升学生的自主学习能力

为了能让高校学生在英语课堂上有效地自主学习,提高自主学习效果,教师可以通过翻转课堂教学模式,激发学生们的主观学习意识,从而促进学生们的学习与发展。随着高校英语教育模式的不断改革,翻转课堂教学的开展由传统的知识单向传递转变为学生通过视频的观看,实现问题的逆向探讨,要求学生具有良好的主观意识和自律性。因此,教师必须不断地引导学生自主学习,合理地规划学习时间,掌握良好的学习进度和学习内容规划,促进学生自学能力的提升,拓展学生的知识面,推动高校英语教学水平的提升,从而实现高校学生的全面发展。

(六)提升学生的英语学习积极性

教师应该帮助学生树立学习的信心,通过展示翻转课堂教学的新鲜元素激发学生的学习兴趣:其一,利用多媒体工具制作精美课件,将教师要求与学生个人情况结合,使教学视频融入其中。其二,从学生兴趣点出发,发挥网络优势,将网络热点与英语教学结合,并且在结合的过程中选取具有学习意义的教学热点,保证学生学有所得。这样不仅可以成功吸引学生观看,还能促使他们记住重要的英语知识。其三,教师需要控制视频时长,让学生的注意力集中在停顿的地方。其四,在进行翻转课堂教学时开设一些丰富有趣的板块。其五,教师还需要密切关注学生自主学习的情况,不定期对翻转课堂上的训练进行抽查并设置学分,对积极学习的学生进行表扬,对不认真学习的学生给予批评和指导。针对学生接受能力的差异情况,及时进行引导,让接受能力较好的学生带相对较差的学生学习。也可以在翻转课堂学习中设置几道开放题,其难易程度不同,让所有学生都能找到自己会做的题目,发挥学生的主观能动性。

(七)提高英语教师的翻转课堂教学水平

首先,教师应不断进修并进行翻转课堂教学探索。如在网上找相关教学资料,即讲座、论坛、文献等,将其融会贯通并结合学生的学习情况找出教学的有效方法。其次,不断实战演练,对不同的教学资料进行亲自解题验证,确保选取的教学信息的准确性。教学资料应不单单只有语法和语言知识，还包括文化背景和语言技能等多个层面，将教学内容有效整合，对教学内容、课程难度有效把握。在选取教学视频时，教师既要保证视频是完整且准确的，也要精简，具有适用性。此外，在进行翻转课堂教学之前，教师可以和其他教师沟通交流，合作建设成为翻转课堂教学团队，将每位教师分工，共同协作，提高效率。最后，教师还需要加强信息处理能力的训练，通过参加相关培训和专题论坛演讲，挖掘更多教学知识与技能。

第十章　改革视野下的高校英语微课教学法研究

如今，随着教育行业的发展和计算机技术的革新，微课逐渐得到人们的重视。尤其是在教育行业中，微课起到无可替代的作用。可以说，微课作为一种新型的教学方式，对开发教学资源、创新教学模式非常有效。为此，大学英语教师可尝试利用微课优化英语课堂教学，提升英语知识的趣味性，从而提高学生的学习效率。

第一节　微课教学概述

一、微课的类型

（一）按课堂教学方法分类

教学方法是教师和学生为了实现共同的教学目标，完成共同的教学任务，在教学过程中运用的方式与手段的总称。按课堂教学方法可将微课划分为如下类别，分别为讲授类、问答类、启发类、讨论类、演示类、练习类、实验类、表演类、自主学习类、合作学习类、探究学习类微课。

值得注意的是，一节微课一般只对应于某一种微课类型，但也可以同时属于两种或两种以上的微课类型的组合（如提问讲授类、合作探究类等），其分类不是唯一的，应该保留一定的开放性。同时，由于现代教育教学理论的不断发展，教学方法和手段的不断创新，微课类型也不是一成不变的，需要教师在教学实践中不断发展和完善。

（二）按课堂教学的环节分类

微课类型可分为课前复习类、新课导入类、知识理解类、练习巩固类、小结拓展类。其他与教育教学相关的微课类型有说课类、班会课类、实践课类、活动课类等。

二、微课的特征

微课一般只讲授一两个知识点，看似零碎，没有系统性和全面性，但是却可以针对特定的目标人群、传递特定的知识内容。一组微课所表达的知识仍然需要具有系统性、全面性。它是针对传统单一资源类型的局限性而发展起来的一种新教学资源建设和应用模式，主要特点如下。

（一）教学时间较短

教学视频是微课的核心组成内容。根据学生的认知特点和学习规律，微课的时长一般为5~8分钟，最长不宜超过10分钟。因此，相对于传统的40或45分钟的一节课的教学课来说，微课可以称为"课例片段"或"微课例"。一节传统的课一般可分解为3~4节微课。

（二）教学内容较少

相对于较宽泛的传统课堂，微课的主题突出，更适合教师的需要。微课主要是为了突出课堂教学中某个学科知识点（如教学中的重难点、疑点内容）的教学，或是反映课堂中某个教学环节、教学主题的教与学活动，相对于传统一节课要完成的复杂众多的教学内容，微课的内容更加精简，因此又可以称为"微课堂"。

（三）资源容量较小

从大小上来说，微课视频及配套辅助资源的总容量一般在几十兆左右，视频格式须是支持网络在线播放的流媒体格式，师生可流畅地在线观摩课例，查看教案、课件等辅助资源；也可灵活方便地将其下载保存到终端设备上实现移动学习、"泛在学习"，非常适合于教师的观摩、评课、反思和研究。

（四）资源构成丰富，且能重复利用和共享

微课选取的教学内容一般要求主题突出、指向明确、相对完整。它以教学视频片段为主线"统整"教学设计（包括教案或学案）、课堂教学时使用到的多媒体素材和课件、教师课后的教学反思、学生的反馈意见及学科专家的文字点评等相关教学资源，构成了一个主题鲜明、类型多样、结构紧凑的"主题

单元资源包",营造了一个真实的"微教学资源环境"。这使得微课资源具有视频教学案例的特征。广大教师和学生在这种真实的、具体的、典型案例化的教与学情景中易于实现"隐性知识""默会知识"等高阶思维能力的学习并实现教学观念、技能、风格的模仿、迁移和提升,从而迅速提升教师的课堂教学水平,促进教师的专业成长,提高学生学业水平。

教师可以将微课放在专业数字化平台(微课网站或者 QQ 等社交平台)上,达到教学资源的互享。由于微课课程时间短,占据内存小,下载速度快,学生下载比较方便。教师还可以利用微课网站与学生进行交流、反馈。学生对于难以理解的知识点可以进行反复学习,教师也方便控制教学进度,避免机械地重复讲解,提高了授课效率,降低了工作强度。

(五)应用灵活

微课是学习资源,可以在整个学习过程中为学生提供帮助。微课有利于学生随时随地进行正式学习和非正式学习、自主学习和协作学习,系统化学习和碎片化学习。由于微课的时间比较短,所以微课视频占据的内存就比较小,而且视频格式十分丰富,完全可以适应不同的播放需求,再加之目前网络大提速,无线网络无处不在,人手一部智能手机等上网工具,并且微课视频还可以下载到本地进行播放观看,真正做到随时随地,想学就学,让学生不受次数和地点的限制进行线下、线上学习,所以微课在智能设备以及高速网络普及下会更有前景。微课不仅可以在任何学习环节展开还可以灵活应用到不同的教学模式中,让教学方式多样化,让学习变得不再枯燥,更加有趣。

第二节 微课在高校英语教学中的作用

一、推动了学生高效学习的开展

首先,微课的最大价值体现在可以提高学生的学习效率。一节课的精华总是围绕某个知识点或者某个教学点展开,力求达到较理想的学习效果。根据学校实际需求,把教学重点、难点、考点、疑点等精彩片段,录制为简短视频,这种形式大大方便了学生随时、随地通过网络下载或点播进行学习,从而提高学生的学习效率。

其次，微课的最大价值还体现在有助于学生自主学习和有选择性的学习。随着社会节奏的加快，也许很多时候，我们的教学再也不必规规矩矩地在教室中进行，学生可以根据自己的需要，有选择性地打开相关网站或视频进行自学。也许我们只需要解决某一个很小、很具体的问题，可以在目录中找到内容，三五分钟就解决了，而不必通览整堂课。这种学习方式的出现，更能够针对学生自己在学习中的问题，在提供的视频网站中找到自己所需要的内容，自主地、有选择性地学习，而不必硬着头皮被动地听课。即便我们由于某种原因耽误了上课，也不必担心，因为可以通过点播微课加以弥补。

二、为教师专业成长提供了新途径

（一）有利于提高教师的教学素质和专业素养

微课的表现形式主要有两种。一种是具体而微的形式，表现在有教学的全过程，即有完整的教学过程和教学环节。从内容的导入到重难点剖析、方法讲解、教学总结、教学反思，再到练习设计，与常规课堂的每一个环节没有任何差别，但微课没有学生的参与，没有师生的互动，或者说学生参与度不够，师生互动较少。微课的目的是展现教师的教学理念、教学观念或者教学设计、教学方法和教学技巧。这种表现形式有点类似于说课，但又比说课更具体，更能反映出教师的教学思想和教学水平。

另一种是微小的片段。为了展现整个教学过程中的某一个环节，通过录制一个教学片段来表现教师对教材的处理、对某个教学重点的处理或者对某个教学难点的突破技巧等，体现了完全真实的教师"教"和学生"学"。比如，教师如何引导学生解决问题，教师怎样指导学生掌握操作技能等。无论哪一种形式的微课，与常规课堂的展示相比，最大的不同不仅在于时间少，而且教学目标集中。因此，微课有利于提高教师的教学素质和专业素养。[①]

（二）有利于提升教师的信息处理能力和水平

微课的制作大致可以分为加工改造式和原创开发式两种。加工改造式即是对常规课堂的多媒体形式再呈现，换句话说，就是将学校已有的优秀教学课件或录像，经过加工编辑（如视频的转录、切片、合成、字幕处理等），并提供相应的辅助教学资源（如教案、课件、反思、习题等），进行"微课"化处

---

① 薛艳. 大学英语微课教学创新模式研究 [J]. 海外英语, 2021 (1).

理。原创开发式可以有多种技术手段，包括屏幕录像专家软件录制、摄像工具录制、录播教室录制、专业演播室制作等。

微课绝不仅是一个视频那么简单。一个优秀的、完整的微课包含许多方面。从视觉、听觉上要求舒服，PPT要简洁大方，声音要清晰响亮；从网络技术上要求文件越小越好；从网络用户习惯上讲，希望能精确搜索，要求微课名称要包含知识点，体现适用对象；从学习者角度来看，希望越容易懂越好。前期的微课设计、简洁大方的PPT制作、主题明确的微课名称、信息明了的片头、逻辑性强的正文内容、引导方便的片尾等，这些都是一个优秀、完整的微课必不可少的组成部分。教师在制作微课时，普遍反映制作的难点在于软件的新颖性和技术性，如在对软件操作技术的掌控和录制过程的摄像技术等方面尚存在不足。因此，教师要制作出优秀、完整的微课，必然要提升自身的信息处理能力和水平。

三、为传统教学资源建设提供了新方向

传统的教学资源大多是以课时（包括单元和章节）为模块开发，资源包容量过大，时间过长，资源主题和特色不够突出，使用不太方便。传统的教学资源花费巨大、数量庞大、耗费费力、种类繁多，在实际教学中的应用情况并不乐观，一线教师普遍感到真正适用、实用、好用的优质教学资源依然很匮乏。传统教学信息资源建设普遍存在只关注资源"大环境"（如资源是否符合新课标和顺应时代潮流）建设，却忽略具体资源应用的"小环境"（如某个资源在具体课堂的教与学应用情境）的做法，资源建设与应用的分离，使资源"看上去很美，却中看不中用"。教育信息资源的根本目的和本质属性是为教育教学服务。大量的研究表明，教学资源的开发和利用，只有深入到课堂教学层面，才能满足教师的常态教学资源需求，才能不断地动态生成新的课程资源。

微课的核心内容是课堂教学视频片段，同时还包含与该教学主题相关的教学设计、素材课件、教学反思、练习测试、学生反馈及教师点评等教学支持资源。它主要是为了解决课堂教学中某个学科知识点（如教学重点、难点、疑点内容）的教学，或者是反映课堂某个教学环节、教学主题的教与学的活动。相对于常规课堂所要完成的复杂众多的教学内容，所要达成多个教学目标而言，微课的目标相对单一，教学内容更加精简，教学主题更加突出，教学指向（包括资源设计指向、教学活动指向等）更加明确，其设计与制作都是围绕某个教学主题而展开的。校本微课共同构成了一个主题鲜明、类型多样、结构紧

凑的"主题单元资源包",营造了一个与具体教学活动紧密结合、真实情境化的"微教学资源环境"。只有这样,传统教学资源建设才能从肤浅走向深刻,传统教学资源的丰富内涵才能够真正体现出来。①

第三节 微课在大学英语教学中的实践与探究

一、微课在大学英语听力教学中的具体应用

(一)微课在高校英语听力教学中发挥的作用分析

1. 可以拓展听力教学资源、提高学生听力水平

微课在高校英语听力教学中的运用发挥着积极的作用,比如微课在高校英语听力教学中可使学生获取更多的听力内容,这样学生的英语听力能力就可以得到提升。此外,听、读、说、写这四个能力是高校英语教学的重点,并且这四个能力也是相互依存的,传统的英语听力教学方式已经无法满足当今学生的听力需求和听力特点,但是在微课背景下的高校英语听力教学中,教师可以积极地运用网络听力教学资源,这样不仅节省了教师的备课时间,同时也丰富了学生的听力内容,满足了学生的个性化需求,所以微课在高校英语听力教学中的运用对拓展听力教学资源发挥着重要的作用。

2. 可以创新听力教学方式,打破传统听力教学局限性

传统的听力教学方式对课堂有着较强的依赖性,因为传统的听力教学方式依靠录音设备,学生只能在课堂上进行听力练习,这种听力教学方式显然无法满足当今学生的听力需求和听力特点。但是在微课背景下的高校英语听力教学中教学方式就发生了变化,比如在微课背景下的听力教学中学生可以随时随地利用微课进行听力练习,打破传统听力教学的局限性。此外,微课是以网络为基础,而网络上有丰富的微课教学资源,这为教师开展高效的听力教学提供了宝贵的资源,激发了教师的教学积极性、主动性,这也可以体现出微课在高校英语听力教学中发挥的作用。②

---

① 王轶普. 多元环境下英语语音教学改革创新研究 [M]. 长春: 东北师范大学出版社, 2019: 132.
② 谭凤懿. 微课在高校英语听力教学中的作用与反思 [J]. 爱情婚姻家庭, 2022 (17).

（二）基于微课的英语听力教学步骤

1. 制作和收集微课教学课件

做好微课课件的制作是开展微课教学的基础工作。教师可以根据课前、课中、课后三个阶段的不同学习任务，制作三类微课课件。课前微课有预习准备的功能，课中微课有练习互动的功能，课后微课有复习巩固的功能。教师要根据课前、课中、课后三阶段的不同任务合理有效地安排微课的内容，还要注意微课课件的制作质量。教师能从网站收集优秀的微课或自行制作微课，每节微课前二分钟左右是趣味导入环节，目的在于激发学生的兴趣。接着是要点内容，详细而生动地讲解本课的要点和难点，保证学生能把知识点学扎实。微课的结尾处教师可加入热点和流行的热词来烘托气氛。

2. 课前发布微课学习视频

大学英语微课制作完成后，在课堂教学开始之前，教师上传微课视频，要求学生在线或下载观看微课视频，对本课的某个知识点提前学习。学生在观看和学习的过程中，遇到难懂的知识点可以反复点击"暂停""重放"来放慢学习速度，反复操作直至学会。同时，教师要求学生记录学习笔记，针对微课内容写出课堂上准备提问的问题和准备与同学讨论的话题。在这期间，师生可以在线交流互动和反馈，但更重要的是培养学生自主学习和解决问题的能力。

3. 课上利用微课练习和互动

课上，课堂成为答疑、讨论和共同做练习的场所，教师发挥引导作用，是学习的引导者而不是信息的传递者。首先，学生向教师或同学提出自己在课前学习微课发现的问题，教师在给出解答的同时学生也能发表观点和见解。接着，教师要求若干名学生根据自己的课前微课笔记，对所学的知识点向大家作汇报以便了解学生的掌握情况。然后，教师播放课堂微课练习视频，设计的练习环节使学生巩固了课前学到的知识点，练习的设计要有趣味性，这样学生参与的积极性会更高。课堂难点的讨论与互动是必不可少的，教师把微课学习之后值得探究的问题，让学生以小组的形式讨论和交流，各组派代表展示讨论结果。最后，教师安排小组进行竞赛和游戏等丰富多彩的活动，在活动中学生对知识点加深了记忆，提高了学习效率。

4. 课后利用微课巩固和反馈

教师利用课后微课布置复习巩固的任务，是对课堂学习的有效补充。教师在微课中安排有针对性的自主复习任务和练习拓展，并要求学生在网上完成作业，如：需要思考和讨论的问题、英语小作文等。学生完成作业时，教师利用网络对学生表现做出评价和反馈。学生通过微课作业练习巩固所学的知识，遇到难题可在网上继续与教师和同学交流、讨论、互动。课后的互动讨论和完成作业实现了知识的深度内化,学生养成了良好的英语学习习惯,提高了英语水平。[①]

二、微课在大学英语口语教学中的应用

在大学英语口语课堂教学中应用微课,主要包括课前、课中以及课后等不同阶段的应用内容,具体如下。

(一)课前引入微课教学

充足的课前准备工作,是提升大学英语口语课堂教学的重要渠道。将微课教学模式应用于大学英语口语课堂教学中,能够为英语口语课堂教学奠定较好的基础。任课老师事先准备的微课视频,可协助学生完成教师所布置的预习任务,从而为口语课堂教学交流做好铺垫与准备工作,提升教学质量。

在口语课堂教学开展前,教师应该结合教学主题制作微课视频,明确教学目标,提炼教学重难点内容。同时,还应该把控好微课视频时长,突出微课短小精悍的优势,还应该选择合适的微课视频背景与场所进行录制,录制时应口齿清晰,并选择合适的微课视频制作工具。

当完成大学英语口语课堂教学微课视频制作后,任课老师可将此分享至教学共享平台中,同时安排预习思考题,以便学生能够带着问题预习学习内容,明确学习目标与内容。学生可结合教学难易程度以及自身口语实际水平决定微课视频的观看次数,针对相对较难的教学内容可反复观看,实在难以理解的教学内容可事先进行记录,待课堂上认真听讲。

(二)课中应用微课教学

在大学英语口语课堂教学中应用微课教学方式,能够实现教学时间优化的目的,以切实激发学生的学习积极性。传统的大学英语口语教学存在教学方法单一等突出问题,而应用微课教学模式后能够有效地推动师生、生生间互动交流,真正突出学生的主体地位,让学生化被动为主动,积极地融入课堂教学活动中。另外,应用微课教学模式能够提升教学效率,教师只需要将时间集中在教学重难点知识解答上,这样便有充足的时间检验学生的自主学习效果。另外,在课堂中应用微课教学方式有助于学生获取口语练习的宝贵机会,模仿求职面试中所要求

[①] 闫缜. 微课与大学英语教学 [J]. 北方文学, 2018 (02).

的口语交流活动，切实达到锻炼学生英语口语表达能力的目的。

(三) 课后练习巩固环节中深入运用微课教学模式

有效的课后练习，是提升课堂教学质量的重要保障。在课后巩固复习时应用微课教学模式，能够有效地完善学生的口语知识体系，将口语课堂教学中所掌握的知识点应用于日常生活问题的解决中。

此外，在课后练习巩固环节中深入应用微课教学模式能够拓宽学生的知识面，完善学生知识链，从而培养学生的口语知识创新性与灵活性。在传统的大学英语口语课堂教学中，因受课堂教学时间的限制，任课老师难以在短时间内深化教学内容。借助于所制作的微课视频重复播放，能让学生拥有更充足的时间理解口语课堂教学重难点，以满足不同口语水平学生的实际学习需要。[①]

三、微课在大学英语阅读教学中的应用

(一) 微课在大学英语阅读教学中的现实价值

1. 激活学生的能动性

微课将海量教学信息进行提炼、浓缩，确保呈现给学生的内容都有明确的指向性和关联性，能引导学生主动求知。在大学英语阅读教学中引进微课，可以将枯燥的词汇和句型分析、语法规则讲解、段落大意归纳等任务融入视频中，用动态的感官体验来增加学习的趣味性，让学生能直观地感受到英语的魅力。微课能在智能手机、平板、电脑等移动端进行，学生可以在寝室、图书馆，甚至操场等任意地点播放视频并进行学习。微课以突破时空局限的优势让学生根据自己的需求和实际情况合理安排学习时间，不懂的内容可以在线上提问，开放的问答平台可以增进师生互动，培育和谐的师生关系。通过开展微课英语阅读教学，学生能摆脱学习时的被动局面，在相对自由的环境中学习、思考和自测，重新寻回对知识的渴望，从而激活能动性，增强自主学习的能力。[②]

2. 优化课堂教学质量

高校的英语课通常是采取各学院混合上课的方式。因此，同班学生的英语基础、学习习惯、学习能力往往大相径庭。这容易妨碍教学计划的实施。教师在英语阅读教学中开展微课，可以将新课中的重要知识点做成视频课件提前放到平台上，让学生自行阅读、揣摩，掌握其中的阅读规律和答题技巧，从而让

---

① 贺建荣. 基于微课的大学英语口语教学 [J]. 读天下 (综合), 2021 (1).
② 包静. 如何提高大学生的英语阅读水平 [J]. 西部素质教育, 2018, 4 (21).

学生在脑海中搭建思维框架图。学生可以利用自己的课余时间查漏补缺，积累自己的学习经验。基础薄弱的学生可以通过付出更多的精力来缩小与成绩优秀者间的差距，能以充足的前期准备来提高课堂学习效率。微课能收集、整合、共享优质阅读教学资源，让学生在真实的教学情景中接触典型、新颖的案例，了解知识背后的历史文化语境，拓宽学生的知识面。学生借助微课平台制定适合自己的学习方案，能有效化解学习障碍。微课充分体现了课堂教学的育人功能。

3. 推进学科交流研讨

微课开发是系统性工程，需要当地学校、教育机构和教育工作者合作，才能保障其质量。以开放、共享为基本理念的微课应用于大学英语阅读教学中，有利于高效整合区域内丰富的教学资源，在教研员的统一规划下确立各年级的英语阅读知识点谱系，防止出现各高校乱开发、乱应用的情况。高校利用微课库组织英语教师集体学习、评课、反馈，能促进英语学科的学术研讨。同时，在校际开辟交流渠道，可以推动各高校的经典英语阅读素材、课件和其他配套材料集中展播，构建高校英语阅读教学的良性竞争网络。基于微课的大学英语阅读教学立足校本、面向全国，有助于建立大学英语区域网上教研新体系。

（二）微课在大学英语阅读教学中的应用策略

1. 设计创意微课课件

微课课件的质量决定着微课教学的成败。高校应设立大学英语微课资源开发组，集中开发微课资源，以实用性和创新性兼具的课件吸引学生。英语教师要遵循微课简洁精练的设计原则，应以文章为主体，提取文章中的难点词汇和句型，对典型语法进行讲解，由点及面，先从词汇释义着手，再分析句型和段落大意，最后翻译全部语篇，以清晰的逻辑凸显课件主题。在课件内容的选择上，英语教师可将经典的英文诗歌、英语电影片段节选、英语小说片段节选等作为课例。这类文章有故事情节，人物形象丰满立体，艺术韵味深厚，是良好的阅读素材。学生可以在习得知识的同时接受文化的陶冶。教师可以建立QQ群、微信交流群，定期将这类创意课件分享给学生，鼓励学生在学习后匿名留言，提出改进意见，强化微课教学的互动性。

2. 重视微课制作培训

要实现微课与大学英语阅读课程的深度融合，各高校应提高英语教师队伍的微课设计和制作水平，使得教师能合理利用各种软件制作精良的课件。高校应重视开展技术培训，邀请权威的高等教育和微课学者到校，组织英语教师集体观摩、学习。高校还可以定期请计算机学院的教师举办微课制作培训活动，介绍微课的制作流程和相关软件的安装使用，现场演示微课的录制和后期制作，全面提升英语教师运用信息技术开展教学的技能。

此外，高校应为推广微课教学提供政策和资金支持，如报销教师的微课录制费、对制作并分享微课课件的教师进行奖励等。高校还可举办大学英语阅读微课征集活动，鼓励教师报名，收集全校范围不同类型的微课，如词汇速记型、文章翻译型、文化体验型等。学校在公开公正的原则下对作品进行投票评审，选出票数最高的微课，对相关制作者颁发证书，以此来提高教师在英语阅读教学中制作和应用微课的积极性。

3. 实行动态生本管理

微课具有以小见大、见微知著的作用。大学英语阅读教学中应用微课时应设置科学的反馈制度，以学生自评、教师评价和生生互评来保证评价结果的客观性。要让学生习惯在微课平台上学习，教师就要坚持生本意识，尊重学生的个性需求，开发人性化的操作界面和功能模块。英语教师应根据阅读理解的内容，增加相关的文化背景知识介绍和互动环节，将文章中的生词进行合理衍生，用词汇的不同时态造句并请学生回答问题。教师在微课平台上设置"名言警句""风土人情""时事新闻"等模块，向学生介绍英语国家的俗语、名言、旅游资源、民俗文化等，其目的是增加学生的知识储备。教师还可以用积分的方式评估学生的学习情况。学生每日登录、完成线上考试、解答其他学生的提问、完成教师布置的任务都可以算入积分。教师可将积分纳入学生的期末考核，实现柔性动态管理。

四、微课在大学英语写作教学中的应用

（一）从应用模式入手进行微课的应用

1. 对课堂辅助的应用

新环境中的大学英语教学与初、高中英语教学迥然不同，其在大学生英语的教与学中更加注重对英语口语及交际能力的培养，侧重培养英语的综合能力，使大学生在今后的学习与工作中能够具有使英语进行书面以及口头交流的能力。[1] 作为依托于多媒体技术而诞生的产物，微课本身具有呈现出课堂中无法呈现出的知识点的作用，教师应当认识到微课的这一作用，将课堂中无法呈

---

① 王娅莉. 信息化时代微课应用于大学英语写作教学的思考［J］. 佳木斯职业学院学报，2016（04）.

现出的知识点进行归纳和总结，通过简单有趣的视频编辑，播放给学生，让学生能够通过最为直观的方式将原本抽象的知识具象化。

除此之外，教师可以利用好微课视频在同类型视频中的共享功能，遇到自己不知道如何呈现的内容时，及时汲取他人的想法，不断地对自己的视频进行改进，不断丰富内容、加强效果，呈现给学生最为完善的微课内容。

2. 对预习复习的应用

除了对重点和难点问题的解读之外，微课的另一大作用就是帮助学生进行课前的预习与课后的复习。现如今的大学英语写作教学内容庞杂，知识量巨大，但是英语写作的课时却是有限的，为了在有限的课时之内将知识点讲完，教师需要将每一堂英语写作都安排上许多的教学任务，但是与此同时，大部分的学生不会在课前对即将学习的内容进行预习，也不会在课后针对重点和难点问题进行更深层次的复习，这就使得英语写作教学的整体效率不高，甚至出现有许多学生跟不上正常的教学进度的现象。教师可以利用微课的方式，将即将学习课程的相关资料提前发给学生，让学生在真正上课之前就知道这堂课要讲什么、其含义是什么，这样一来学生可以带着问题去学习，不仅可以调动起他们的好奇心，还能够更加顺利地进行接下来的课堂教学工作。[1] 教师还可以针对课上出现的一些重点和难点制作成总结型的微课，发送给学生，作为学生课后复习的重要资料与参考。

(二) 从微课制作入手进行微课的应用

1. 对教学内容的选择

微课的时间限制要求教师必须严格对微课中所呈现的内容进行把关，一定要针对教学中的重点、难点问题进行解读，并且一个微课所包含的主题应当尽量简洁。比如说，在一堂微课中，教师只就书信体的英语写作格式进行讲解，这样才能取得较为理想的教学效果。

2. 对教学模式的选择

微课的特点就是短小精悍，所以也要求教师在使用微课的时候不能拖沓，而是尽可能自然和快速地将主题导入进来，高效利用时间，争取在最短的时间内将一个知识点讲通、讲透。不仅如此，微课的授课模式虽然高效便捷，但是与传统的面授相比，微课的授课模式无法实现教师对学生的实时管理，所以，多模态的教学模式是灵活性和适用性最强的教学模式。

---

[1] 管向丽. 利用微课打造高效的英语写作课堂 [J]. 牡丹江教育学院学报，2015 (9).

3. 注意微课的逻辑性

在进行微课制作时,教师切记要注意微课整体的统一性与逻辑性,各种教学资源都需要围绕着同一个主题进行选择,这样一来学生在进行微课的学习时才能理清教学主线,而不是东一榔头、西一棒槌地对知识进行松散的记忆。

第十一章 改革视野下的高校英语慕课教学法研究

随着教育的不断发展,语言的教育教学也在经历着变化,这就要求高校英语教育者不断改变高校英语教育的方式。通过在高校英语教育中引入信息化技术,能够帮助英语教育课程顺利开展。慕课借助于互联网信息化教育手段改变了传统教学模式,大大提升了高校英语的教学质量,极大调动了学生的学习兴趣和积极性,对于英语教学起到了良好的推动作用。本章将对高校英语慕课教学的相关内容作简要介绍。

第一节 慕课教学概述

一、慕课的起源和发展

慕课(Massive Open Online Course,MOOC),即大规模在线开发课程,起源于 2007 年,最早是由美国犹他州立大学的戴维·威利(David Wiley)在 Wiki 网站开设的开放课程 Intro to Open Education(公开课导入),次年,加拿大的戴夫·科米尔(Dave Cormier)和布莱恩·亚历山大(Bryan Alexander)正式提出 MOOC 这一术语,随后,加拿大的学者乔治·西蒙斯(George Sieme)和斯蒂芬·道恩斯(Stephen Downes)设计了第一门正式的 MOOC 课程 Connectivism and Connective Knowledge Online Course(连接主义和在线课程的连接知识)。经过十几年的发展,MOOC 在美国得到了长足发展,2012 年被《纽约时报》称为"慕课元年",因为斯坦福大学、麻省理工学院和哈佛大学、普林斯顿大学、密歇根大学、宾夕法尼亚大学等学校的教授相继发布了营利或非营利性的 MOOC 课程,来自世界各地的几十万的学生注册了这些课程。

慕课是在信息化时代中的在线教育衍生出来的新型教育模式。这种新模式在于依托互联网搭建一个大规模、开放型的全民网络在线教学平台，摆脱传统网络在线课程的局域限制，不限年龄、地域和时间，全面接纳全球范围内的所有学习者，提供线上师生互动、成员间相互交流学习的机会，引导学习者自主学习，提升数字化时代学生的学习能力，给传统的师生关系、课堂教学模式带来了机遇与挑战。

亚洲的第一门慕课课程是香港大学 2013 年 4 月在 Coursera 平台上发布的《中国的科学、科技与社会》，随后北京大学、清华大学、复旦大学、上海交大等国内知名大学纷纷推出自己的慕课课程。同年 8 月，华东师范大学联合国内知名中小学推出 C20 慕课联盟，慕课教学不再局限于大学，在中小学范围内也掀起了慕课的热潮。

二、慕课教学的特征

（一）互动性

互联网技术支撑下的慕课，无论是论坛交流、作业提交，还是线上反馈，都具有较强的互动性。具体来讲，当学习者在慕课论坛上提出一个问题时，教师或其他学习者看到后就可以进行解答。协作学习作为慕课平台的主要学习方式，学习者之间的互动交流是根本，为达成既定的学习任务，所有学习者都必须积极参与、共同交流探讨，自身无法解决的问题还可及时向教师及助教寻求帮助。此外，每门课程都设有专门的讨论区，学习者学完一门课程后，可就学习中遇到的问题进行发言，以待教师或助教解答。最为重要的是，在慕课平台上不仅能够进行广泛的互动交流，还能够实现深入的资源共享，这种互动也是多维的。

（二）开放性

互联网技术在文化传播领域的广泛应用完全颠覆了以往文化传播的时空、方式和成本等界限，带来了一系列的深刻变革，打造了一个全新的文化传播生态系统。慕课作为互联网技术与教育融合的产物，全面继承了互联网的开放性精神与特点，为学习者创造了一个广阔自由的互动空间。但需要指出的是，不同于其他远程教育平台，慕课的开放性更为彻底，进入门槛非常低，属于对所有人开放、有教无类的平台。这也是为何慕课能够以大范围的形式传播知识信息，并赢得了各级教育者和学习者喜爱的根本原因。

(三) 国际性

慕课完全打破了以往不同国家、学校之间的壁垒，让学习者能够接触全球范围内的优质学习资源、拓展知识视野，同时能够使教师及时掌握相关领域的前沿动态，为先进理念的引入提供重要平台。学习者可结合实际自由选择课程，充分了解不同的文化理念和学习方式，进而实现自我的不断完善与突破。例如，学习者不仅能够在"学堂在线上"接触到国内顶尖高校的精品课程，还能够学习到哈佛大学、斯坦福大学等国外知名高校的精品课程，而课程内容也几乎涵盖了当前所有的专业。可以说，这种高度的国际共享进一步推动了教育公平性的实现，这也是慕课最大的魅力和价值所在。

三、慕课教学的模式

慕课通过对传统知识传播要素的重构创造了全新的知识传播模式，这种模式以平台为系统，以学生为主体，以交互为驱动。

(一) 以平台为系统

慕课平台不单单是简单的传播媒介，也是一个完整的生态系统，互动性、开发性、国际性等特点是其常态化运行的核心要素，同时也是一系列传播活动的根本支撑。[1] 在慕课平台这个生态系统内，学习者进行协作学习，教师进行引导答疑，知识实现多维传达。也就是说教师、学生、知识是构成慕课系统的基础，但慕课系统又反过来为其提供了根本性支撑和保障。

(二) 以学生为主体

在慕课传播机制中，学生是绝对的主体存在，一方面教师是引导者，需结合学生实际和知识特点进行层次化教学设计，同时通过个性化教学方法满足学生的个性化学习需求，可见教师的角色发生了根本性转变；另一方面，学习者作为受众可在一定程度上控制知识传播流程，可对学习资源进行下载、订阅、浏览等操作，真正成为学习的主人。此外，慕课平台充分彰显了学生的意见领袖作用，通过广泛的协作学习，那些表现活跃、参与性高的学生很容易发表意见，成为教师之外的"教学者""组织者"等重要存在。

---

[1] 付静. 慕课传播的特征、模式与反思 [J]. 传媒, 2019 (2).

(三) 以交互为驱动

在慕课传播中，交互是所有传播要素常态化运行的基本驱动，而这种交互具有即时性和多元性的特点。在传统的知识传播中，教师需要根据实际情况选择最佳的传播媒介，学生只是被动接受。但在慕课平台上，任意两个传播要素都能形成交互，学生可结合自身实际灵活选择学习媒介，如微信、邮件、博客等。可见，交互不仅仅是慕课的核心特点，而且是慕课传播的基本驱动。

第二节 慕课教育在高校英语教学中的优势

一、改进高校英语教学模式

高校英语教学改革的目标不仅是为了参与慕课，更是要通过慕课完成对高校英语教学模式的改革，进一步提升高校英语教学的质量。对高校英语教学而言，慕课是一种借助网络开展的全新教学模式，对课堂内容进行创新性的设计，将其转换为视频并向学生展示，然后根据进度安排阶段性的测试，所以，慕课要求学生必须集中注意力。比如在高校英语新视野精读课上，教师以课文的内容及重难点为基础制作视频，教师以课文的主题为依据，设置问题引导学生思考，从而提升学生的积极性，让学生主动学习，认真思考，寻找方法攻破学习的难点，进而掌握课程内容，完成教学的目标。在教学的过程中，教师可以让学生组成小组，通过小组之间的合作解决在学习中遇到的难题，教师主要负责回答学生所共同关注的问题。教师还可以采用网络链接，向学生展示与课文有关的信息，通过设置一系列相关的问题，引导学生深入思考与研究，从而将学生引入特定的情境。教师借助网络丰富的资源，在观看视频的基础上进行互动，向学生展示教学的难点与重点，进而逐步提升学生听的能力与说的能力；通过教师、学生以及网络资源三方之间的互动，激发学生对课文内容的兴趣；借助互联网开展学习活动，比如鼓励学生大胆表达自己的观点，不同小组之间进行合作，分别扮演不同的角色，从而为学生营造开放自由的良好环境，进而增强学生进行自主学习的能力，提高他们运用英语的水平。

二、丰富高校英语教学内容

慕课的内容通常由世界一流的教师团队进行研发，相比于传统的课堂教学，其内容更加丰富。慕课完全打破了时空的限制，学习者可以在任何一个地方随意地运用网络资源，可以在任何时间及任何空间当中进行学习，从而在最大限度上完成资源与信息的共享。即使是在同一所高校中，哪怕是相同的课程教师的理解也会存在差异，在不偏离教学大纲的情况下，教学内容的安排及教学方法设计方面的侧重程度也不同。在过去的教学模式中，学校如果想推出新课程，必须投入大量的人力与物力，同一门课程可以在多个学校之间分享，课程的内容也会大量增加。而慕课课程可以紧跟时代步伐，在网络上的更新速度也会不断加快。相比于传统英语课堂教学的死板内容及落后的教学方法，慕课课程明显更为优越。尤其是在学时分配上，慕课课程需要的时间更短。慕课课程内容基本由模块组成，可以运用各个单元的重难点将知识串联起来。由于慕课的教学时间比较短暂，所以教师最主要的任务在于向学生展示学习的难点及精华，牢牢吸引学生的注意力，提高学生学习的积极性，确保学生有足够的热情完成学习任务，从而确保教学效果。慕课属于生成式课程，在课程开展的同时，课程的知识会越来越多。教师和学生通过分享优秀的学习资源来完成学习，所以相比于传统的教师讲授模式，慕课的内容更为丰富。

三、高校英语教学手段多元化

在传统的高校英语教学模式当中，教师一直占据着主导地位，主要通过教师与学生之间的交流来解决所有的教学问题。而慕课本身具有十分鲜明的互动性、自主性和开放性，自然会打破传统高校英语的理论与方式，而教学方法也因此会出现变化。新的教学方法主要在于增强学生的能力，而不是服从教师的权威。在课程当中，学生虽然是在教师的指导下进行学习，但并非事事依赖教师，而是自动地寻找方法解决问题。在学习的过程当中，学生主要是观看视频，并不受课堂管理的约束和限制。所以，如何引导学生积极参与学习是教师在设计教学时必须思考的问题。从慕课最开始的准备视频到后期的交流与讨论以及分享与设计，都需要教师进行反复地思考和设计。

四、英语教学过程中转换教师角色

"教师角色"也即教师自身所表现出来的符合社会希望的行为模式。而在网络教育当中，教师的角色已经出现了转变：（1）学生成为整个教学活动的主体，教师只扮演指导与策划的角色。教师同时担负着组织教学活动、策划教学活动、回答学生问题、对学生学习做出评价等职责，学生的任务是接受教师指导，自主地完成各项与学习相关的任务。[①] 在慕课课程当中，课堂不再由教师主导，教师不再是课堂中唯一的权威，学生的地位得到了极大提升，但是教师的地位并没有因此而降低，反而是比以前更高。（2）教师从传授知识转变为资源提供者及课程开发者。课前教师需要从不同的渠道搜集资源，并进行组织与设计，通过视频及课件帮助学生了解学习的知识。在学生学习的过程中，教师也不能全然放手，而是从旁进行指导。

五、为高校英语教学提供丰富的学习资源

在传统的学习模式当中，学习资源一般采用教科书和资料的方式。在慕课的学习当中，学习资源的形式及种类都十分丰富。慕课平台课程所提供的学习资源类似于学生上课时所使用的教科书以及课后的学习资料，同时，为方便学生更好地掌握知识要点，认真完成与课程相关的学习，慕课平台还包括录音、视频以及其他不同形式的学习资源，一些国外的教学小视频可以帮助学生更快地提升英语听说能力，使学生的发音更加标准。慕课平台的数量在不断增加的同时，大量的课程被开发并对外开放，使学习者的学习更加方便快捷。对高校英语教学而言，慕课发展最大的影响在于为学生学习提供了大量的资源及渠道。但是网络资源种类过多，教师必须引导学生从中挑选出真正符合自己需求的资源，而不是不加任何选择地全盘接收。

六、提高学生的学习兴趣和自主学习能力

（1）由学生自行选择喜欢的学习方式。学生可以根据自己的兴趣挑选课程及学习方式。如果学生完成学习，就可以获得相应的证书，学生可以学到许多专业知识，自身的能力也会得到提升。（2）选择个性化的学习方式。学生自身的综合素质及能力会影响课程的具体进度，在运用网络资源进行学习的过程当中，可以忽略一些已经学过的内容，反复播放比较生疏的内容，学生还可以根据自身需求安排学习的时间及设备，从而提升学习的效率。（3）选择自我检测的方式。在学习的过程当中，教师可以根据进度为学生安排相应的检测，同时及时公布检测的结果及答案，学生可以根据检测的结果清楚地掌握自己学习的效果，然后根据自身需求再一次进行检测，从而巩固已经学习的知

---

① 李青．论我国高校英语教学中慕课资源的运用［J］．现代职业教育，2019（9）．

识，增强自身的能力。（4）选择合作的方式。大部分学生之所以喜爱慕课，网上社区是主要原因之一，社区的氛围一般都非常轻松，学生可以自由地进行交流与学习，还可以通过社区分享自己的作品及创意，汲取他人的经验，增强自己学习的动力，和同伴一起进步。

第三节　慕课时代高校英语教学面对的机遇与挑战

一、慕课时代高校英语教学面对的机遇

（一）有利于促进教育公平的提升

从我国高校英语教学工作的开展现状来看，英语教学质量存在极为明显的差异性，不同地域、学校之间的英语教学质量差距巨大，这种现状极大地影响了英语教育的公平性。目前，我国高校的英语质量与我国的经济发展差异性相同，表现出从东南向西北递减的现象，这种现状对于经济落后地区的学生是十分不公平的。而慕课概念的提出以及应用则有效解决了这一问题，它能保证高校英语教学资源分配以及高校英语教学质量的公平性。如前文所述，慕课本身具有丰富性以及开放性，只要借助互联网，即使是经济发展较为落后的区域或师资力量相对薄弱的学校也能享有高质量的英语教学资源，因为大多数的慕课内容都是由名校名师进行的规范化录制，所以其课程的正确性以及教学的系统性可以得到保证。而简单便捷的在线观看学习模式能够使学生利用慕课进行学习毫无阻力，且具有较高的个性化。这些优势的综合体现能够有效缩小不同教学资源下学生的英语学习质量差距，实现传统教学模式下难以做到的名校名师教学资源的快速转移，从而使得高校英语教学更加公平。

（二）有利于高校英语重新规划审视

慕课时代为高校英语带来挑战，但同时也带来了机遇。高校学生在学习过程中，能够借助慕课自身的广泛性和针对性以及共享性特征展开相应的学习，这也促使高校管理者对英语教学进行重新定位，并借助慕课时代的互联网思维对英语教学做出相应的创新，结合具体的英语慕课，能够实现英语教学的优化和创新，并树立规范性的英语学习价值观，传统意义上的英语教学是应试教

育，所以相应的功利化趋势较为明显，更多的是基于书本和教材知识来展开教学，而新时期的英语教学更多的是通过集中和整合广泛的教学资源来帮助学生实现更加深度和广度的知识学习，应用慕课进行英语教学，能有效提醒学生做好规范化的教学整合，并以此来增强学生的英语学习能力和后期的应用能力，不断增强自身的英语语言技能，提高学生的综合人文素养和交际能力。互联网趋势日益深入，高校可以借助慕课做好教学模式的整合及优化，并对教学模式做好相应的规划和重新定期。

(三) 有助于高校英语教学的专业进步

慕课时代对于传统的英语教师来说有一定的促进性作用，学生能够借助慕课实现更大范围的进步和广泛的学习，也对教师产生了一定的冲击，由此要求教师做好相应的教学改革和教学方式的优化。慕课也为高校英语教学的专业进步提供了便利支持，为教师提供了丰富的教学条件。教师可以借助慕课的丰富性资源不断优化和更新自身的教学方式，同时慕课时代所带来的新方式也会促使教师在教学策略上做好强化和创新，并以此来强化自身的教学水平和质量，确保优化学生的整体英语学习环境。①

二、慕课时代高校英语教学面对的挑战

(一) 慕课课程资源种类繁多、缺乏精华

在互联网背景下，慕课课程资源十分丰富，涵盖了各种方面知识，但是资源质量良莠不齐，精华与糟粕共存，很多慕课课程资源都相对基础，高质量的慕课资源少之又少，学生在利用慕课资源进行学习时，往往会在海量的资源中感到茫然无措，不知如何入手，甚至会因为选择失误在一定程度上偏离了主要的学习方向。而且现如今的慕课资源与教学内容呈现出一定的雷同化，无法满足学生深入学习的需求。除此之外，虽然大学生的时间相对自由，但他们涉猎的知识非常广泛，留给英语的学习时间并不充裕，如果学生需要花费很长时间用来挑选慕课课程资源，将会消耗掉学生的一部分耐心，长此以往将会导致他们放弃对慕课的使用。

(二) 对高校英语教师有更高的要求

慕课时代的到来对传统模式的高校英语教学产生了巨大的影响，教师必须

---

① 田雪飞. 慕课时代大学英语教学的机遇与挑战 [J]. 长江丛刊，2020 (7).

对教学工作有更加先进、深刻的认识。由于慕课是一种新型的教学体系，因此保证慕课的高效运用，需要教师在教学理念以及教学方式方面做出相应的革新。在传统教学理念以及教学模式下，教师是高校英语教学工作的绝对核心，教师的教学工作仍然沿用"灌输式"的教学模式，教学工作除了在英语专业知识方面对英语教师有一定要求外，在其他方面对教师的要求并不高。而慕课时代的到来则不同，为了达到对慕课高效运用的目的，教师的综合能力必须提升到崭新的层次，不仅表现在教学方面，还要表现在对学生的管控、对互联网课程资源的认识和解读以及对互联网技术的利用方面。然而，目前很多教师在这些方面的能力都十分欠缺，难以发挥慕课的实际作用，这是目前高校英语教学结合慕课开展教学工作需要解决的问题。

虽然相比于传统的教学模式，慕课有着十分明显的教学优势，但是作为科学技术的产物，慕课课程资源普遍缺乏人性化设计。慕课主要以视频的方式为学生讲解知识点，并通过一定的练习题来强化学生对知识的吸收和理解，但是相比于传统的教学方法，慕课并不能帮助教师及时掌握学生的学习动态，也无法判断学生知识的掌握情况，无法对学生进行跟踪指点。部分学生也可以通过代写或者作弊的手段来获取慕课的学分，这对于提高学生的综合素质没有任何益处。

(三) 大学生的学习能力表现出欠缺

慕课时代的到来对高校英语教师工作提出挑战，而且也提出了对于大学生的挑战。首先，从目前互联网上的高校英语教学资源来看，大多数名校名师的课程都以英文授课的情况居多，即使是中英文混合的授课形式英语的比例也要高于汉语。这种现象的存在对学生的学习能力是一个挑战。我国很多大学生所受的英语教育模式仍然是以中文为主，这种教学语言重心的转变会给学生带来短期的学习困难，学生必须要做出相应的努力来进行克服。其次，由传统模式的英语教学向慕课模式英语学习转变的过程是学生自学能力逐步增加的过程。目前我国很多学生在从小学到大学的学习过程中，已经习惯了被动的学习方式，过于依赖教师的讲授。而慕课则需要学生针对自身的学习情况自主地选择课程和安排学习进程，这种转变对于大学生而言是一个较难把控的环节，需要辅以一定的解决策略来加以优化。

因为慕课课程具有在线和开放两大特征，所以学生在学习慕课课程时没有过多的时间和空间限制，这不仅是慕课的优势，从某种角度上来说也是慕课的弊端所在。正因为缺少了时间和空间的限制，所以需要学生具备一定的主动性和自觉性，如果学生的自制力不强，那么就很容易在学习过程中产生应付心理，一旦对自身要求过低，将无法收获到预期效果。视频是慕课课程的主要讲解方式，很多学生在学习过程中会选择倍速播放，甚至会直接跳过不感兴趣的部分，这很容易导致学生学习的片面性，不利于知识的全面吸收。

第四节　在高校英语教学中有效应用慕课教学的策略

一、英语教学与慕课结合现存的问题

（一）学生学习视野不具备开拓性特征

目前，大部分高校仍旧沿袭传统的教学理念与教学模式。在开展英语教学活动的过程中，往往会出现"重理论、轻实践"的教学现象。过于看重英语词汇、语法知识的讲解，并强制学生进行大量背诵。利用考试成绩评价学生的学习效果，并对他们做出最终的教学认定与评估。而在整个教学过程中，没有从学生长远发展的角度出发，更加具体、有针对性地制订教学计划。长此以往，导致学生不断形成狭隘的学习思想，并使用单一、固定化的学习方式，不利于他们真正获得全面性的发展。当学生认为学习只是为了考试，而在完成阶段性考核后就误以为完成学习任务而中止对知识的深入探索与实践应用，这样的教学思想极其不利于培养符合社会需求的人才。因此，针对当下存在的教学弊端与问题，高校需进行创新改革。对学生学习视野的封闭性形成正确的认识，借助慕课、多媒体教学等现代教学工具等，全方位丰富与开拓学生的学习视野。同时，针对目前高校学生学习积极性不高的问题，教师需对教学内容、教学流程、教学模式等进行反思与思考，即利用模式化的英语教学手段是否会对学生的未来发展带来消极影响。进而利用慕课学习平台加大英语教学改革力度，制定更加科学的英语教学方案。

（二）教师教学手段缺乏丰富性与创新性

现阶段，高校英语教师依靠传统课堂组织模式向学生进行集中式授课。在英语知识传授的过程中，大多数教师都是利用统一的教学标准与教学方案，导致学生能力不佳，无法有效跟上教师的教学节奏与进度，从而逐渐失去学习兴趣与学习自信心。而学习能力较强的学生总是重复性地学习理论知识，缺少更

多的渠道与途径了解英语知识，令他们的潜能无法获得最大化的挖掘。教师基于固化的教学思维没有切实发挥分层教学模式的优势，不仅降低了学生学习的自信心与积极性，还不利于践行最终的教学目标与英语教学意义。例如，教师在课堂上英语知识的讲解只是针对教材内容进行分析与解释，并没有结合学生的实际学习情况、学习进度等引领他们对知识进行拓展与加深，不利于学生提升英语综合能力。除此之外，教师过于看重自身教学任务的设定与完成进度等，忽视与学生进行交流和沟通。学生成为被动接受知识的工具人，没能自主、积极地获取知识、探索知识。教师缺乏创新性与丰富性的教学手段，在一定程度上限制了高校英语教学的发展。

二、慕课在大学英语教学中的应用方法

（一）构建多元化的学习模式

在当前阶段，随着大学英语教学的目标不断提高，相应的教学内容也在不断增加，从而导致出现课堂教学时间不足的问题，而慕课的出现能很好地解决这一问题，慕课这种教学方式使得以教师为主的传统课堂转变为现在以学生为主的课堂，有效实现了教学模式的多元化。教师在课前可以运用慕课展示学生需要掌握的一些语法知识及相关文化的背景，在课后教师引导学生对已经学到的知识进行复习，用多元化的方式开展教学，有效激发学生的学习积极性。[①] 此外，慕课这种教学方式往往还能实现针对性教学，能够根据学生的不同水平以及个性化需求来进行教学。针对不同的教学对象以及教学内容，慕课的时间往往也有不同的限制，可以三到五分钟，也可以控制在十分钟之内，但是最长不能够超过二十分钟，只有这样才能有效确保学生可以聚精会神地进行学习，提升学生的学习效率，帮助学生获取大量的资源，更好地丰富学生的学习内容，培养学生独自思考的能力。此外，学生运用慕课这种方式来进行学习能够不受时间以及空间的限制，而且还能够充分发挥慕课开放的特点，更方便高校师生的沟通交流，进而有效提升学生的自主学习能力，确保课堂教学具有比较高的质量。再者就是慕课这种方式能够使得课内课外的实践主体统一起来，变传统的灌输式教学为学生自主探究学习。学生在课后可以运用自己的一些零碎时间来安排学习活动，根据自己的实际需求来观看课件，完成相应课程的学习，确保学生在学习的过程中具有比较高的自主权，进而为自己的个性化学习

---

① 桂文娟. 慕课在大学英语教学中的应用方法探析 [J]. 科教导刊（电子版），2021（26）.

创造更多的条件。

（二）对视听读写的内容进行整合

在大学英语教学当中，主要把培养学生的视听读写能力作为主要的教学目标。随着现代教育理念的不断发展，以学生为主的学习模式得到了人们的广泛认可。但是对于相当多的一部分学生来说，由于缺乏一些必要的语言环境，因此他们学习英语的压力比较大。这就要求教师在教学过程中充分地运用好慕课这一平台，确保学生能够依据教学设计自主地进行听说读写的相关练习，有效地解决学生在英语学习过程中遇到的问题。

在听力练习的这一方面，学生可以充分运用慕课平台并结合自己的实际情况练习听力，在练习的过程中对词汇以及句型进行感悟，对自身的听力能力进行锻炼。此外，学生还可以运用慕课模仿视频中的语调，运用这种方式纠正自己的发音，帮助学生更好地掌握英语相关知识。要想能够提高学生的阅读能力，就需要培养学生良好的阅读习惯。阅读作为一种语言输入的方式，能够有效地激发学生的学习兴趣，充分调动学生的学习积极性。通过阅读的这种方式学生能够更好地扩充自己的词汇积累量，同时还能够领略其他国家文化的风采。在听力以及阅读能力得到反复训练的基础上，学生要能够准确运用自己在听力以及阅读的过程中学到的一些新知识，用标准的语言来发表自己的想法以及谈论学习生活中的各种事。

（三）进行跨文化交流学习

大学英语教学不仅要注重对学生听说读写能力的培养，更要对学生的跨文化交流进行培养。由于英语在一定程度上来说是一种外来文化，因此英语当中往往会蕴含着众多当地的生活方式、思维方式以及价值观念等。要想能够更好地将这些因素融入大学英语教学中对教师来说是一项挑战。在这一过程中，慕课发挥了相当重要的作用，运用慕课这种教学方式能够实现以学生为中心的自主学习模式，更好地将相关的英语文化融入英语教学活动当中，帮助学生更好地了解英语文化。在句子学习的这一层面，教师通过自己的引导来带领学生学习一些英语的相关内容，然后对其中所蕴含的文化内涵进行思考。而对于语篇教学来说，大学英语教师要积极鼓励学生对文章当中蕴含的文化内涵进行查阅，让学生从中领会到作者的写作意图。此外，大学教师还要充分地运用好慕课平台协助学生举办一系列的英语文化活动，让学生在英语文化的语境中学习。通过教师引导学生自主学习的方式，英语文化的相关内容可以很容易地融入语篇学习当中。在这一过程中，学生不仅学到了一些知识，树立了跨文化交流的意识,而且教师也有效地提升了自己的教学效率,完成了相应的教学任务。此外,学生的自主学习能力以及对英语语言的理解能力都得到了相当大的提升,在这样的情况下,就能够有效减少英语语言文化学习中存在的盲点,进而将英语语言学习与英语文化学习二者有机结合在一起,确保学生在跨文化交流的过程中不会遇到太多的阻碍,有效提升学生的英语语言应用能力。

(四)完善课后学生自评和师生互评体系

对于语言的学习尤其是缺少对环境的外语的学习,学生是需要对话搭档的。因此,教师可以让学生形成互助式学习模式,在帮助他们合理建组的基础上引导知识学习、口语训练。教师的评价方式也对大学英语教学起着很重要的作用,在慕课资源的背景下,除了教师评价之外,还需要进行小组的互评,毕竟教师看到的一般都是学生从课堂上或者是慕课资源中的学习情况,但对他们的课后学习情况不甚了解,所以加入小组互评很有必要。教师评价和小组互评的好处主要体现在两方面:其一,教师以整体教学目标和学生的基础学习能力为评价标准,用网络的方式对学生进行评价,评价的时候还可以给学生推荐和他们能力相当的学习资源,帮助他们在查缺补漏过程中提高自身的英语学习能力;其二,在小组互评的时候,学生可以通过网络查看其他学生的学习内容和结果,结合自身的英语学习能力进行对比评价,不断优化自身的英语学习方式。[1]

---

[1] 石晓珍. 基于慕课资源的大学英语教学改革策略初探[J]. 创新创业理论研究与实践, 2019(23).

第十二章　改革视野下的高校英语教学方法创新的保障——教师专业发展研究

教师是立教之本、兴教之源。高校英语教师专业发展对大学生英语水平的提升和高校英语教育改革的成败有着重要的影响。毕竟，高校英语教学质量的高低在很大程度上取决于英语师资质量的高低。面对多方位的改革形势，高校英语教师获得了前所未有的专业发展机会，在自身专业素质提升方面取得了很大的进步，但也面临着诸多挑战与问题，这些挑战与问题带给高校英语教师困惑和迷茫，只有正视问题，才能在发展中立于不败之地。本章将简要叙述教师专业发展的相关知识。

第一节　教师专业发展概述

一、教师专业发展的基本内涵

自 20 世纪 80 年代以来，教师专业发展的问题得到了学术界和教育实践界的高度重视。教师专业发展成为教师教育的核心问题。教师教育的质量和水平高低直接影响教育事业能否实现健康、持续的发展。教师专业发展的内容包括专业精神的发展、专业知识的发展、专业能力的发展、专业自我的发展。另外，教师的现代素质在教师专业发展中也显得尤为重要。比如，教师是否拥有健康的体魄和良好的心理素质、是否拥有创新的精神和能力、是否拥有教育研究的意识与能力、是否能够熟练运用现代教育技术、是否具备浓厚的法律法规意识等，这些都是现代教师必备的职业素质。可以说，每一个实现专业化发展的教师都具备这些素质。

二、教师专业发展的基本特征

（一）自主性

教师专业发展需要教师个体通过自觉、自愿、主动地接受专业训练和学习，不断提升专业水平，促进教师由非专业人员成长为专业人员。教师自主专业发展有别于"他主发展"，它是基于教师主观能动性的自我超越活动，而不是在外界各种压力和要求下的被动发展。一方面，这意味着教师专业发展的动力来自教师自身。如果教师缺乏内在的需要、情感和意识，那么就难以产生动力去经历个体内在专业结构不断更新演进和丰富的持久过程；另一方面，这意味着教师凭借自主发展的追求和动力能够自觉实现教育观念的更新和教育信念的深化，从而进行创造性的教育教学活动。以自主为动力和凭借，教师的专业发展就不会仅仅停留在一般意义的思想武装上，而是会落实到具体的教育教学实践中。

（二）终身性

教师的专业发展是贯穿教师终身的持续学习过程。在教育教学活动中，教师要为学生提供学习指导，以自己的知识为基础进行创造性的知识传授工作。要使学生学习的知识不断丰富、不断更新，教师仅依靠职前培养所获取的知识和技能是无法实现的，所以必须进行终身学习。终身性能够保证教师专业发展成为可持续发展，在这个过程中，教师不断更新观念、拓展知识面、完善知识结构、磨砺思想品格、沉淀人文底蕴、提升整体素质、实现自我超越。

三、教师专业发展的意义

在教师专业发展的进程中，教育界人士进行了坚持不懈的探索，向世人展示了教师专业发展的内在潜力，也体现了教师专业发展对教师个人、教师职业和社会的深刻意义。

（一）教师专业发展有利于人们重新审视教师的职业性质

长期以来，公众和社会舆论主要强调教师职业知识传授方面的作用。由于中小学所学内容的浅显性，使得相当多的人并不看重教师作为专业人员的理论水平与职业能力。教师专业化的推进将有利于改变人们对教师职业性质的认识。它能让人们意识到，教育过程不是简单的传授过程或塑造过程，而是由师生共同构成的互动过程。

（二）教师专业发展有助于优化教师素质

在学校教育过程中，教师的作用主要在于向学生传授知识，开发学生的智力；培养品德，启迪学生的心灵；指导学生锻炼身体，增强学生的体质，教师承载着千万青少年儿童的未来和希望，肩负着开启民智、传承文明的使命。[①] 社会上的每种职业都由各自的素质规定，专业性较强的教师职业相应的对于专业素质要求很高。教师仅具备现代人应有的基本素质是远远不够的，还必须具备教师职业所需要的特殊专业素质。教师承担的使命要求教师必须具备合格的思想政治素质、科学文化素质、教育理论素质、教育能力素质、身体和心理素质等。此外，社会的进步、科技的发展以及知识经济时代的到来对教师素质的要求也越来越高。教师专业素质的提高不再可以通过职前系统定向培养一次性完成，而是需要延伸和覆盖教师的整个职业生涯。教师专业发展给教师个体和群体提供了优化素质的途径。

（三）教师专业发展有助于促进教师职业成熟

教师专业发展对教师职业的促进作用体现在以下几个方面：第一，教师培养课程使教师的专业素养更能适应社会教育对培养人才的需要。第二，教师职前培养更加系统化和专门化，能适应社会对不同层次教师的需要。第三，教师培训专业化。大量的教育机构根据一定的条件进入教师培训领域，形成规模巨大的市场，这就需要对教师培养和培训机构进行认可和评估。第四，教师群体和教师职业道德规范的形成和稳定发展。专业化的另一个含义就是群体价值观的形成。教师的道德规范、价值观随着教师职业的专业化形成。第五，教师任用制度化。通过一定的规范和程序进行教师选拔，使教师职业的准入适应社会的需要。教师的专业发展与教师教育的高质量需求是联系在一起的，教师的专业化发展有助于促进教师职业走向成熟。

（四）教师专业发展有助于推动社会进步

教师专业化与社会进步息息相关。根据社会学理论，个体和群体的社会化是社会进步的重要标志。无论是个体的人还是群体的人，在被社会化的同时，也在不断参与创造社会，从而形成了这一群体的独特的文化、个性发展和社会结构。不难理解，教师在被社会影响的同时，也在影响着社会，与社会形成共

---

① 江全作. 力求卓越 [M]. 太原：山西经济出版，2020：40.

生共存的关系,这一群体自身也具备了高级社会的特征,并且还会随着社会的进一步发展而发展。教师专业发展通过促进教师职业的专业化来推动教师个体和群体的社会化,最终实现社会进步。

第二节 英语教师的专业素养分析

一、英语教师应具备的专业知识技能素养

对于英语教师而言,其需要具备系统、扎实的英语学科专业知识和过硬的专业技能,这些知识和技能是教师专业化素养的基本体现。同时,还应该具备如何有效地向学生传授专业知识、培养专业技能所需要的教学法知识、学科教学法知识、学习者特点知识、关键的教学技能和广博的科学文化知识。此外,教师还需要具备个体实践知识,包括教育信念、自我知识、情境知识、教学智慧、教学技艺、灵感、洞察力、经验和诀窍等。这些隐性知识对教师的教学行为影响很大。在教育信息化背景下,英语教师除了上述知识技能外,还需要掌握信息技术和大数据技术、技术与学科整合知识、融合技术的教学法知识、整合技术的学科教学法知识等。

二、英语教师应具备的专业能力素养

(一)基础性能力

英语教师应当具备良好的沟通能力、教学设计能力、教学实施能力、信息技术应用能力等基础性能力。这是其专业化程度的直观体现,也是衡量教师能否胜任英语教学工作的基本条件。教学不仅仅是传授知识的过程,更是陪伴学生成长的过程,是师生交流和对话的过程。

英语教师如果具备良好的沟通能力,就可以极大促进和融洽师生间的情感关系。师生间良好的情感关系有助于激发学生英语学习的兴趣,对于促进教学的有效性至关重要。教学设计能力是对教学过程中涉及的各要素进行最佳优化组合的能力,教学效果很大程度上取决于教师的教学设计。教学设计能力包括分析学情和需求、确定教学目标、设计学习任务、确定教学方法与手段、选择教学技术与资源、优化教学要素与过程、解决教学重难点、开展教学反思与诊

改的能力。教学实施能力指教学组织、教学管控、环境创设、教学评价等能力，是课堂教学顺利开展的重要保障，能否达成预期教学效果也取决于教师的教学组织和管控。

此外，在教育信息化背景下，学习环境营造、教学管理模式、教学评价及教学决策等越来越依赖信息技术的支持和处理，因此，英语教师还需要掌握一项不可或缺的能力，即信息技术应用能力，包括网络信息管理能力、信息化教学能力及数据分析和应用能力。信息化教学能力被视为信息化时代教师的核心能力，指教师从事学科教育教学活动应具备的信息素养。信息化教学能力由三方面组成：一是基本的信息技术技能，具体指计算机操作技能，信息处理软件及网络工具使用能力，信息获取、评判、加工、整合、传播等能力。二是课程与信息技术整合能力，教师需要将信息技术与课程结构、课程内容与资源以及课程实施有机整合。三是信息化教学设计及实施能力，利用技术手段优化学习环境，建构交互式智慧教学生态；整合各种优质教学资源，丰富学习内容；优化、创新教学模式和方法；发掘学生学习轨迹数据，为学生提供个性化学习服务，推行基于数据的教学评价和教学决策等。

（二）发展性能力

教师的发展性能力包含四个方面的内容：一是合作研究能力。随着互联网、大数据和人工智能技术的发展，教学形态和学习生态发生了根本变革，英语教师想要胜任新时代的教学工作，需要不断研究教育教学的新情况、新问题。而且，教师职业与其他职业的最大区别在于教师所面对的是一个个具有鲜明个性特点、不同学习风格的个体，教师会不断被置于新的教学情境中，不得不面对许多新问题。而这些问题都具有个体性、偶然性和情境性，没有现成的解决办法，需要教师自己反思和探究。所以，研究是教师工作的一种常态。因为教学工作的特殊性和复杂性，教学改革与科研攻关需要依靠团队协作，所以，合作应该是教师研究的主要形式。二是课程建设能力。课程是人才培养的核心要素，课程建设是课堂教学改革的逻辑起点，是"三教"改革的源头，是实现教育目标的主要手段，也是教育成败的关键环节。随着时代的发展及社会需求的不断变化，教师需要对原有课程进行重构或开发全新的课程。因此，课程建设能力对于教师而言非常重要。三是创新能力。教育是创造性的劳动，简单的重复、机械的操作已无法满足新时期教学工作的需要。教师只有不断改革创新，才能适应教育的新变化和新要求。改革创新永远是教育的灵魂，创新能力是教师发展的核心竞争力。四是知识管理能力。我们处在信息互联、共享的时代，每天充斥着品类繁多、良莠不齐的海量信息，需要在海量的信息中迅速提取出对专业发展和教学有用的资源和知识，整合并更新自己的知识体系，

第十二章 改革视野下的高校英语教学方法创新的保障——教师专业发展研究

这种能力在知识更新不断加快、新知识和技术不断涌现的信息时代尤为重要。

三、英语教师应具备的专业态度

在教育现代化和教学改革浪潮下，英语教师还需要具备良好的专业态度：

（一）先进的教育理念

教育理念对教师的教育行为起着决定性作用。在教育信息化时代，教育要求和教学生态环境发生了很大改变，教师必须转变原有教育观念，树立"以学生发展为中心"的先进教育理念，重塑教师角色，以培养学生的学习能力和促进学生全面发展为本，充分利用现代信息技术和互联网的优势，构建生态学习圈，创新学习模式，形成线上线下有机结合的网络化及个性化泛在学习环境，为学生提供多种学习途径和多模态学习资源，满足不同学生的学习需要和发展需求。[①]

（二）良好的职业品质

互联网背景下，教学面临西方意识形态的冲击，面对新时期的教学改革大潮，作为学生引路人的教师需要具备良好的职业品质，包括过硬的政治素质、职业理想和职业精神。教师只有具备了良好的职业品质，才会把自己所从事的工作与社会的发展、学生的健康成长和发展联系在一起，把教书育人、立德树人、培养社会主义事业建设者和接班人作为自己的神圣使命，对自己的工作充满责任感和使命感；才会勇立改革潮头，不断进取，开拓创新，敬业奉献，推动教育事业发展。

第三节 高校英语教师信息素养培养探析

一、高校英语教师应具备的信息素养

信息技术的发展对教师的信息素养提出了新要求。根据美国教育科技委员会的建议，教师应具备下列两大领域的信息素质：一是计算机科技的基本操作和概念；包括能够运用工具，例如文字处理、数据库处理系统、电子表格系

---

① 施慧英. 教育信息化时代英语教师专业素养及发展路径［J］. 宁波教育学院学报，2022（6）.

统、网络通信来提高工作效率以及促进专业发展；二是运用计算机和相关技术来支持未来任教的年级和学科领域。高校英语教师应通过自身信息能力的提高来增强学生学习的主动性、批判性和反省意识；并通过信息技能和批判性思维的训练来达到提高学生学习能力和解决问题能力的目标。结合当前的信息化教学环境，现阶段高校英语教师的信息素养应包括如下几个方面的内容：

1. 信息技术基本素养。主要包括能使用电子邮件及了解网络，会熟练操作相关应用软件，如文字处理软件、电子表格软件等；具备接收信息的能力，能够准确、迅速、有效地接收信息，并对信息资源进行分类、储存和检索。

2. 信息技术教学应用素养。主要包括熟练制作多媒体课件，会使用各种计算机辅助教学软件与网络资源，系统管理及处理学生学习数据，如利用计算机处理学生成绩、使用网络教学平台和教学资源开展教学活动，能利用网络资源对学生进行交互式教学。

3. 信息科研应用素养。教师应能熟练运用各种搜索引擎查找相关资源，能对搜索到的资源进行加工处理；熟练使用各种统计软件，对数据进行统计分析；运用信息技术作为认知工具，帮助教师进行知识管理。

二、目前高校英语教师信息素养存在的主要问题

（一）信息技术运用不当

目前大多数高校英语教师在形式上已经实现了转变，在课堂教学中使用PPT等信息技术手段来开展教学活动，取得了一定的成效。但也有部分教师并未从思想上实现信息素养的根本转变，不能真正灵活地利用多媒体课件，信息技术与课程内容整合的能力较弱。这种情况主要表现在两个方面：一是只简单地将教学内容制成PPT课件或将其讲述的一部分内容变为多媒体演示，教师在教学活动中没有充分发挥信息技术的作用，学生的注意力只是机械地集中在投影屏幕上，被动地接受文字和声音信息，没能充分发挥自身的积极性、主动性和创造性。师生之间缺乏互动和情感交流，进而影响课堂教学效果；二是教师在制作PPT课件时，仅仅注意到了课程内容，而忽略了课件的艺术表现力，有些课件画面枯燥，只是文字和图片的堆砌，缺乏画面的均衡性和统一性，还有一些课件则过于追求画面的表现形式，添加一些与教学内容无关的小动画或音响效果，虽起到了吸引学生注意力的作用，但淡化了课程内容，使学生往往只看到精彩的动画，而忽视了教学内容，也未达到理想的教学效果。

第十二章 改革视野下的高校英语教学方法创新的保障——教师专业发展研究

（二）信息技术形式单一

目前各种信息技术层出不穷，如交互式电子白板、电子书、移动设备等，这些信息技术在国内外高校教学和学习中已得到广泛应用，且取得了一定实效。但目前我国高校英语教师在课堂教学上还是主要采用 PPT 课件开展教学，对一些新的信息技术缺乏了解和运用。虽然有些英语教师也利用网络开展教学活动，但大多数是直接应用指定的教学平台，主要用于简单的作业提交和批改，缺乏自主应用创新的教学模式。

（三）教师处理信息的能力不足

很多高校教师参加过岗前培训甚至是计算机培训，但整合信息技术的能力还有待加强。首先，许多英语教师未能将信息技术与学科课程内容有机整合。其次，在进行科学研究和教学研究时，尽管很多教师都会应用各种专门的教育网络资源库来查找资源，如中国知网、万方数据库等，也会应用非专业的资源，如学术 Google、百度文库等，但存在缺乏对这些资料进行处理的能力，如不会使用软件将其转换为可编辑的 word 文件等，这就限制了资源的二次加工及应用。还有不少教师缺乏对科研教研中收集的各种第一手资料数据的处理能力，影响了教师的科研能力。

三、提高高校英语教师信息素养的意义

（一）课程教学的需要

在目前的大学英语教学中，各种版本的教材大都配备有网络学习平台，学生可以在这些网络学习平台中开展网络学习，这就要求现在的外语教师必须掌握基本的信息技术能力，能通过网络学习平台开展各种教学活动，如布置学习任务、批改学生作业、开展主题讨论和检查学生的学习情况等。因此，掌握基本的信息技术是现代外语教师必需的技能。

（二）科研的需要

信息处理和应用能力是在激烈竞争中占据生存和发展空间的核心竞争力。高等教育培养的是高素质技能型人才。学生的高素质培养离不开教师的言传身

教和潜移默化的影响。① 现在的高校英语教师都应具备教学研究与科学研究的能力，因此，高校英语教师应具备更高的信息素养。开展科学研究的基础就是对选题所涉及的研究领域的文献进行广泛阅读，了解前人对研究问题的开展情况。高校英语教师的科研主要集中在教学实证研究方面，更需要教师具备使用各种软件处理分析数据的信息素养。

四、英语教师信息素养培养的策略

（一）培养信息意识

高校英语教师要认识到提高自我信息素养的重要性，认识到信息素养是现代教师具备的基本素养。只有具备了一定的信息意识，高校英语教师才能积极主动地获取、加工和利用各种信息资源，在教学中合理运用信息技术解决教学中的重难点问题，创设适合于教学的问题情境，激发学生的学习兴趣。

（二）提高信息技术知识能力

高校可以组织教师参加各级各类信息技术技能培训，提高教师的信息技术知识能力。培训应涉及信息技术基本知识和操作技能，应用信息技术教学的模式和策略，高效熟练使用信息技术的方法；基于信息技术的信息化教学设计和整合能力等，特别要注重对教师信息技术活用能力的培养。教师也可以自己在网上搜索相关的教学视频或教程，进行自主学习。随着信息技术的不断发展，各种新的信息技术也不断在教学中得到应用，这些新技术不仅可以给教师的课堂教学带来新的转变，而且还可以改变学生的学习方式，使学生的学习更加深入。高校英语教师不仅要使用传统的信息技术，更应积极掌握新的信息技术，提高信息技术的应用能力，改变传统的教学方式，使信息技术能与英语教学紧密结合。

（三）提高信息技术应用能力

教师掌握信息技术知识只是基础，还需要具备将信息技术知识转化为教学的应用能力。教师应在教学中注意将教学理论与信息技术知识相结合；根据当前信息技术的发展、具体学科的教学内容以及学生的特点，革新原有课程内容，进行学科内容与学生生活、当代社会生活的整合，学科传统内容与学科新

---

① 吴天慧."互联网+"时代下高职英语教师信息素养研究［J］.武汉船舶职业技术学院学报，2020（3）.

观点、新问题的整合，文本教材与网络资源、生活资源的整合等，以此扩充教学知识量，开拓学生思路。

第四节 英语教师专业发展现状和解决路径

一、英语教师专业发展现状

（一）教师专业素养不能满足课程改革需求

现阶段，部分教师的专业能力不能满足新时代课程改革的需求。教师知识储备充足，但是教学理念相对滞后，对课程改革理念不了解，导致不能够在教育教学工作中探索和践行，墨守自己固有的经验方法，倾力于知识传授和技能培养，忽略情感、价值观培养以及多元化智能开发等。

（二）不同区域教师专业发展不平衡

受到经济发展水平制约，不同区域的教师专业发展水平存在差异，主要表现为东部与西部差异、发达地区和发展较落后地区差异和城乡差异。以城乡差异为例，农村教师工资相对较低，教师工作积极性易受到影响，追求专业发展的愿望较低。部分农村教师工作环境差，学校硬件设施相对落后，虽然国家给农村学校配备了很多教学设施，但是仍无法满足现代化教育的需求。一些学校存在多媒体设备使用几年后频繁出现故障，甚至有的已经不能使用，坏损设备不能得到及时更换的情况。学校图书室图书资源短缺，配备图书大多陈旧，更新速度慢，无法满足广大教师的阅读需求。部分农村学校优秀教师太少，其中一些优秀的教师被县城或者城市学校选拔招聘，学校的教师队伍当中，业务领头雁少之又少，不能很好发挥本校优秀教师的辐射引领作用。教师走出去的机会很少，缺少专业发展的机会。部分上级部门和学校组织的各类培训学习存在形式化严重的问题，培训内容和培训形式单一，一味追求参培人数而不追求参培质量，培训效果不理想。从学校硬件配备、图书资源、教师队伍等方面看，城市学校都要明显优于乡村学校。

(三) 老中青教师专业发展差别大

同一学校内老中青教师专业发展差别大。部分老年教师认为自己已经快离开教育岗位了，辛苦工作了几十年，积累的教学经验使自己在教育教学实践工作中游刃有余，没有必要再去学习新技术。在这种心理驱使下，他们学习积极性不高，甚至有的教师会对学习培训产生抵触情绪，守着自己固有的教学经验，故步自封，停滞不前。中年教师大多是学校的中流砥柱，是学校的业务骨干力量。骨干教师专业思想需要跟得上时代潮流，专业知识扎实，专业能力高超，已经得到了领导、同事、家长的认可。他们积极进取，踊跃参加各种学习、培训、比赛活动，期待自己的专业素养不断提升。但仍有少部分中年教师自我满足，认为自己能力足够，学习时应付了事，敷衍塞责，个人成长速度缓慢。青年教师是教育队伍的新生力量，他们大部分拥有崇高的教育理想，渴望通过不断努力在队伍中脱颖而出，迅速成长为学校的业务精英。这部分教师学习热情高涨，主动性强，虽然实践经验不足，但是可以通过努力在短时间内迅速提升专业素养。[1]

(四) 教师信息技术应用能力良莠不齐

随着科技的进步，信息技术已经在城乡普及。信息技术与课堂教学整合的能力已经成为教师专业发展的一项必备技能。到目前为止，教师信息技术应用能力良莠不齐。部分老教师受到年龄、思维等因素影响，信息技术掌握情况一般。在农村学校，一些可以用电脑完成的工作，老教师更乐于用笔一点一点书写完成。部分老教师把信息技术的学习当成一件很困难的事情，非必要不会使用多媒体教学，必须使用时通常请求他人帮忙，而不是在他人的指导下尝试自己操作。青年教师信息技术使用能力强，但是他们中一部分专业知识不够扎实，不能把二者很好地融合在一起，为教学所用。部分青年教师的课堂出现这样的情况：课堂上师生被课件牵着走，课件不是课堂的辅助工具，反倒变成了主导。中年教师信息技术能力虽然一般，但是他们中大部分能够把信息技术与课堂教学融合到一起，使课堂更加生动、直观、便捷。

(五) 教师自主学习的时间太少

教师的工作千头万绪，从学生思想教育到备课上课教研，十分繁忙。可以

---

[1] 徐海伟. 基于教师专业发展现状的教师专业成长路径研究 [J]. 教书育人，2023 (13).

说，教师每天一踏进校门就开启为学生保驾护航的模式，从课内传道授业解惑到课外的全程服务，此外还有各种各样的工作要去完成。比如参加各种会议、书写各种材料、组织各种活动、迎接各种检查等，在层层重压下，教师可以用来学习充电的自由支配空闲时间太少。偶尔有点零碎的时间，教师的心刚刚静下来，端起书本就会又有新的工作，这是一个不容忽视的客观事实。

二、英语教师专业发展解决路径

（一）发展专用英语教师（ESP）

专门用于英语（English for Specific Purposes）的教学是教改要求之一。专门用途英语可以分为与专业学科密切结合的学术英语（English for Academic Purpose）和与就业有关的职业英语（English for Occupational Purpose），前者是为了满足学生使用英语学习专业课程的要求而提供的一种手段，后者以某一学术领域题材为内容如法律英语等，通过学习学科内容帮助学生熟悉该方面专业词汇、句法与篇章结构。ESP教师是学术化、专业化教师，是在掌握良好英语基础情况下了解其他特定学科领域专业术语新知识的教师，这就要求高校必须配合教学课程培养专用英语教师。

开设专门用途英语课程需要高水准的英语教师队伍，这些教师在具有较高英语水平的前提下，还要掌握一定的专业知识。在学校给予相关培训、相关激励政策的同时，教师自主发展意识也是影响ESP教师养成的关键。

（二）运用实践反思模式

批判性思维即反思检视思维，反思对于批判性思维的养成起着关键性作用。实践反思是一个由实践到反思再到实践的循环往复、螺旋上升的过程。在教学过程中，听课交流是实践反思的首选方式。通过旁听其他教师的讲课，抓取其教学闪光点加以自我利用，反思自我教学的优缺点，在下次教学中加以改进。运用实践反思模式，能够调动教师自主发展的积极性，在提高自身专业水平的情况下，实现教学水平和教学质量的改善。

（三）丰富教学设备，线上线下相结合

近年来国家在教育方面投入的资金有增无减，学校应当合理利用资金，更新教学设备，增加多媒体设施，创设现代化多媒体英语教室，依托互联网、人工智能等给课堂教学增加趣味性。利用互联网平台融入线下课堂教学，发掘更多优质的线上资源推荐学生课后自主学习,既有助于丰富教学内容,也丰富了教师的知识储备,还有助于教师熟练掌握现代化技术,不断改进教学方法,努力提升教学质量。有关部门支持大学英语教师开设"线上+线下"课程,并为教师实施网络化教学创造更好的条件。为做好"线上+线下"英语课堂的开设,学校等机构必须营造出良好的外语教学网络生态环境,帮助教师将课堂教学与网络信息技术相结合。

（四）善用"互联网+"平台,把握大数据时代背景

"互联网+"可以使教师及时获取所需信息,提高备课效率,还可以抓住碎片时间进行碎片化学习,加强自我发展。利用互联网,不仅可以方便师生之间的沟通,也可以方便教师之间的交流,尤其是与其他院校教师的交流,不同高校和区域的英语教师可以共同参与专业技能提升和教学研究。大数据的特点可以概括为高效、方便、庞大、精确。大数据时代的机遇给大学英语教学带来的变革是多方面的,直观上的改变包括课程资源、教学模式及教学设备等;无形中的改变是教学理念、教师角色与政策制度。通过对海量数据分析研究,预测出未来发展走向,这一作用能够为大学英语教学改革指引方向。

（五）增强团队协作意识

增强团队协作意识是教师队伍建设的关键。在团队协作的过程中,教师常常感受到他人的关注与鼓励,这更能激发自身努力向上的热情,在互助的同时实现自助。团队协作可以通过集体准备教案、相互听课交流、共同申请研究科研项目等实现。[1] 具备团队协作意识,才能够使教师团队真正实现优势互补,让教学与科研活动等实现事半功倍的效果。

（六）改善教学环境,加强职业培训

在教学环境上,学校等教育机构不能一味抓学生成绩、教师绩效考核等行政方面的硬指标,而是积极营造人性化的教学氛围。课堂教学频次适中、教学评价科学多维、对话机制便捷有效的教学环境,更能激发教师自主发展的积极性和科研活动的自发性。

职业培训是促进教师专业发展最有效、最直接的方式。职业培训应当贯穿教师职前、职中、职后全过程。目前我国的职前培训基础理论学习较为全面,

---

[1] 张旭,陆宁皓. 大学英语教师专业发展路径研究［J］. 现代交际,2020（15）.

▶ 第十二章 改革视野下的高校英语教学方法创新的保障——教师专业发展研究 ◀

这是成为优秀英语教师不可或缺的学习进程。在职培训依靠学校等教育机构提供资源,在为教师提供更丰富的公费留学、国内学术讲座交流、定期不定期进修等培训机会的基础上,还需要重点加强英语教学能力与专业领域知识和教学法的培训。

参考文献

[1] 常峥. 高校英语教学中翻转课堂教学模式的应用[J]. 科教导刊, 2020 (10).

[2] 陈夺. 基于跨文化交际的英语教学研究[M]. 长春：吉林出版集团股份有限公司, 2021.

[3] 陈慧芬. 多模态教学模式应用于高职英语教学的研究[J]. 科学咨询, 2021 (23).

[4] 陈敏. 课程思政如何融入大学英语教学[J]. 新教育时代电子杂志（教师版）, 2022 (45).

[5] 陈紫薇. 教学情境在大学英语听说课教学中的应用[J]. 现代英语, 2021 (24).

[6] 成畅. 课程思政与大学英语教学的融合探讨[J]. 中国航班, 2022 (30).

[7] 党华. 高职英语互动式教学模式影响因素分析与对策探索[J]. 学周刊, 2023, 13 (13).

[8] 杜静. 任务型教学法在高校英语教学中的应用研究[J]. 产业与科技论坛, 2020 (15).

[9] 段茂超. 大学英语教学创新与实践研究[M]. 长春：吉林出版集团股份有限公司, 2021.

[10] 方媛. 产出导向法在大学英语翻译教学中的应用[J]. 教育观察, 2020, 9 (38).

[11] 付静. 慕课传播的特征、模式与反思[J]. 传媒, 2019 (2).

[12] 桂平. 高校英语教学应用翻转课堂教学模式探讨[J]. 亚太教育, 2021 (23).

[13] 桂文娟. 慕课在大学英语教学中的应用方法探析[J]. 科教导刊（电子版）, 2021 (26).

[14] 郭琪. 微探任务型教学法在高校英语教学中的应用[J]. 现代英语, 2021 (1).

[15] 郝爽. 音乐艺术与音乐教学研究［M］. 北京：现代出版社，2020.

[16] 何冰，汪涛. 翻转课堂与英语教学［M］. 长春：吉林人民出版社，2019.

[17] 贺建荣. 基于微课的大学英语口语教学［J］. 读天下（综合），2021（1）.

[18] 黄清龙. 从"微"谈英语微课制作［J］. 少男少女，2023（6）.

[19] 姬云鹏. 基于产出导向法的大学英语读写教学实践探讨［J］. 教育教学论坛，2023（25）.

[20] 江全作. 力求卓越［M］. 太原：山西经济出版，2020.

[21] 姜文杰. 多模态教学模式在中职英语教学中的运用［J］. 读与写，2022（13）.

[22] 金辉. 健康战略下高等公共卫生教育模式探索与实践［M］. 南京：东南大学出版社，2020.

[23] 李丹，吴彤. 基于生态化的大学英语教学研究［J］. 安徽电子信息职业技术学院学报，2022，21（1）.

[24] 李捷，陈新仁. "以学生为中心"的学术英语教学框架构建［J］. 语言教育，2023，11（3）.

[25] 李娟. 大学英语教学与课程思政融合的思考［J］. 现代英语杂志，2021（2）.

[26] 李璐. 高校英语教育教学实践中的多模态教学模式创新实践［J］. 科教导刊（电子版），2023（9）.

[27] 李青. 论我国高校英语教学中慕课资源的运用［J］. 现代职业教育，2019（9）.

[28] 李小莉. 高校英语教学理论与实践［M］. 延吉：延边大学出版社，2021.

[29] 李异鸣. 父母的格局［M］. 哈尔滨：哈尔滨出版社，2022.

[30] 李智涛，藏玉英. 国内产出导向法的研究及启示［J］. 昌吉学院学报，2021（4）.

[31] 刘应红. 基于产出导向法的"大学英语"教学方法探究［J］. 教育教学论坛，2023（37）.

[32] 刘媛. 新时代高校英语教学研究［M］. 北京：北京工业大学出版社，2019.

[33] 柳琳. 情感因素对高校英语课堂教学产生的影响［J］. 现代英语，2022（4）.

[34] 卢斐. 基于产出导向法的大学英语听说教学研究［J］. 创新创业理论研究与实践，2023（22）.

[35] 马芳菊. 英语教学中的情境教学［J］. 山西教育（教学），2019（11）.

[36] 马旭光. 多模态教学模式在高校英语教学中的运用探析［J］. 华章，2023（1）.

[37] 娜日苏，常云. 错误分析理论在大学英语教学中的应用研究［J］. 创新创业理论研究与实践，2019，2（13）.

[38] 濮燕屏，郭跃. 论自主学习教学模式［J］. 锦州医科大学学报（社会科学版），2022，20（1）.

[39] 邱琳. "产出导向法"促成环节设计标准例析［J］. 外语教育研究前沿，2020，3（2）.

[40] 曲晨晖，叶娜，孙莉莉. 基于网络环境的大学英语教学理论与实践研究［M］. 长春：吉林人民出版社，2022.

[41] 施慧英. 教育信息化时代英语教师专业素养及发展路径［J］. 宁波教育学院学报，2022（6）.

[42] 石晓珍. 基于慕课资源的大学英语教学改革策略初探［J］. 创新创业理论研究与实践，2019（23）.

[43] 帅易琼. 高校英语教学中学生自主学习能力培养研究［J］. 英语广场，2023（27）.

[44] 孙常丽，王红香，刘纯. 大学英语多元互动教学模式研究［M］. 北京：世界图书出版公司，2017.

[45] 孙洋子，张海贝，杜凌俊. 高校商务英语写作教学与实践创新研究［M］. 长春：吉林大学出版社，2022.

[46] 孙志永. 当代大学英语教学新理念与教学实施探究［M］. 赤峰：内蒙古科学技术出版社，2021.

[47] 田雪飞. 慕课时代大学英语教学的机遇与挑战［J］. 长江丛刊，2020（7）.

[48] 王丹. 基于"产出导向法"理念视野下的英语视听说课程的教学模式探究［J］. 长江丛刊，2019（24）.

[49] 王斐. 微课在大学英语教学中的应用［J］. 文教资料，2019（7）.

[50] 王晋娟，涂香伊，李晶. 我国英语教育教学模式的改革与创新［M］. 长春：吉林人民出版社，2021.

[51] 王立松，赵一繁. 从"输出驱动—输入促成假设"看大学英语教学改革新思路. 中国教育学刊，2015（S1）.

[52] 王宁. 互动式教学在高校英语教学中的应用研究［J］. 教育现代化，2019（32）.

[53] 王英华. 生态视域下高校英语教育优质发展策略探讨 [J]. 吕梁教育学院学报, 2021, 38 (1).

[54] 吴春妹. 任务型教学模式在高校英语教学中的运用分析 [J]. 黄河·黄土·黄种人, 2021 (12).

[55] 吴洪成, 常文华, 冯钰蓉. 清代河北颜李学派教育思想研究 [M]. 武汉：武汉大学出版社, 2022.

[56] 吴莉婧, 曹博. 云教学平台促进学生自主学习教学实践研究 [J]. 亚太教育, 2021 (15).

[57] 吴天慧. "互联网+" 时代下高职英语教师信息素养研究 [J]. 武汉船舶职业技术学院学报, 2020 (3).

[58] 武黎. 融合与渗透 [M]. 太原：山西经济出版社, 2020.

[59] 徐海伟. 基于教师专业发展现状的教师专业成长路径研究 [J]. 教书育人, 2023 (13).

[60] 徐熙君. 高校英语翻转课堂教学探索 [J]. 产业与科技论坛, 2020, 19 (24).

[61] 薛磊, 闫奕佳. 基于课程思政理念的大学生英语教学模式探究 [J]. 成长, 2023 (8).

[62] 薛艳. 大学英语微课教学创新模式研究 [J]. 海外英语, 2021 (1).

[63] 杨晓斐. 高校英语教学中翻转课堂教学策略 [J]. 教育现代化, 2019 (3).

[64] 姚娟, 徐丽华, 娄良珍. 高校英语阅读与翻译教学多维研究 [M]. 天津：天津科学技术出版社, 2021.

[65] 张贝贝. 大学英语教学"课程思政"开展路径探讨 [J]. 品位·经典, 2022 (11).

[66] 张丹. 高校英语教学生态模式构建研究 [J]. 英语教师, 2018, 18 (20).

[67] 张德禄. 系统功能语言学与外语教育研究 [M]. 上海：上海外语教育出版社, 2020.

[68] 张景. 英语教学方法新探索 [M]. 长春：吉林出版集团股份有限公司, 2021.

[69] 张静. 大学自主学习教学体系的构建 [J]. 高教学刊, 2019 (23).

[70] 张楠. 新时代大学英语课程思政建设探讨 [J]. 山东理工大学学报（社会科学版）, 2022, 38 (6).

[71] 张松. 人工智能时代基础教育师生关系研究 [M]. 长春：吉林人民出版

社，2022.

[72] 张旭，陆宁皓. 大学英语教师专业发展路径研究［J］. 现代交际，2020（15）.

[73] 周鑫燚，王慧. 大学智慧课堂［M］. 成都：四川教育出版社，2022.

[74] 周一书，严厉，辛铜川. 基于多元互动的大学英语项目式教学模式构建与实践［J］. 高教学刊，2023，9（13）

[75] 朱明明，代春倩，朱九扬. 任务型教学法在高校英语教学中的实践［J］. 淮海工学院学报（人文社会科学版），2018，16（12）.

[76] 朱瑞珂. 任务型教学模式在大学英语教学中的应用［J］. 产业与科技论坛，2019，18（21）.

[77] 朱勇玲. 微课在大学英语阅读教学中的应用［J］. 智库时代，2023（22）.